GIAN PIETRO MELIA

CAMBIARE COME ?

-RIVOLUZIONE ,

tra il dire e il fare-

Gian Pietro Melia, nato a Orotelli (NU) nel 1946, vive a Siniscola (NU).

Come giornalista-pubblicista, ha collaborato alle seguenti testate:

.RAI- SARDEGNA

.LA NUOVA SARDEGNA, quotidiano di Sassari

.L'ORTOBENE, periodico di Nuoro

. COMUNITÀ VIVA, periodico di Toronto (Canada).

Dello stesso autore:

.ASPETTANDO IL DOMANI (poesie)

.IL NULLA E L'ASSOLUTO (saggio filosofico-religioso)

.ESISTENZA E FEDE,

venduti dalla rete Amazon.

Edizione digitale: 2017

Presente edizione: 2018

Mi sembra che sia alquanto difficile attuare un regime politico basato sulla giustizia, laddove misura di tutte le cose è il danaro

Tommaso Moro (1478-1535)

Premessa

Rivoluzione come cambiamento personale che si riflette positivamente sulla comunità: questo è il significato principale che, qui, viene attribuito al termine, invero utilizzato in un'ampia gamma di ambiti.

La rivoluzione non può che essere umana, in quanto il suo obiettivo è mutare la società a partire dal rinnovamento personale.

Nel testo vengono esposte alcune riflessioni di ordine generale, maturate in un arco di tempo abbastanza lungo e ispirate da circostanze diverse, ancorché sostanzialmente riconducibili ad aspetti inerenti il modo di *leggere* la rivoluzione, **nel concreto della vita quotidiana del singolo e, soprattutto, nelle applicazioni che se ne devono trarre mediante coerenti scelte politiche.**

Sono, in buona sintesi, riflessioni su *cose* **(pensieri, comportamenti, progetti, politica, per esempio)** *da cambiare* o, se si preferisce, *da rivoluzionare.*

Esse esprimono esigenze di cambiamento sociale, economico e culturale che non sempre arrivano alle stanze del potere, nel senso più ampio del termine, anche quando questo potere viene conseguito mediante il ricorso al voto popolare.

g..p.m.

1-CONTESTO PREDISPONENTE

Inizio questo libro richiamando, quasi integralmente, gli appunti da me scritti nel settembre del 1969, circa 50 anni fa.

Ho operato qualche aggiunta per meglio inquadrare uno specifico argomento. Ma ho rispettato i concetti fondamentali che volevo comunicare e che, qui, cerco di sviluppare attraverso osservazioni sulla realtà.

Il titolo delle note originarie era:

UNA RIVOLUZIONE PER L'UOMO ? (con punto di domanda).

Come sottotitolo avevo indicato:

CATEGORIA DELL'OPPORTUNISMO (senza punto interrogativo).

Il segno interrogativo stava (sta) a evidenziare che l'argomento apre scenari di discussione, da affrontare senza lasciarsi limitare da pregiudizi e senza circoscrivere lo sguardo a determinati eventi storici, come, per esempio, la Rivoluzione francese, generalmente assunta, nell'immaginario collettivo, quale paradigma pressoché unico di riferimento, quando si parla di radicali mutamenti sociali in genere, veri o presunti che siano e/o siano stati.

Peraltro, il sottotitolo (*RIVOLUZIONE, tra il dire e il fare*) induce a considerare e a intravedere un elemento negativo o, quanto meno, di dubbio valore, che sta in agguato ogni qualvolta si mira, per così dire, a *fare rivoluzione.*

Per evitare ambiguità sul termine *rivoluzione,* ormai usato a iosa in vari ambiti, ho introdotto un'associazione di vocaboli immediatamente percepibili nel loro significato: RIVOLUZIONE e CAMBIAMENTO.

Quindi, la domanda riassuntiva è:

CAMBIARE, CHE COSA ?

Facciamo qualche precisazione.

In buona sostanza, non di rado, la storia rievoca eventi, dove l'opportunismo, in senso lato (ma, in misura prevalente come nascita e difesa di privilegi), viene coltivato e alimentato sotto il manto della medesima rivoluzione, che, di per sé, almeno in teoria, viene raffigurata quale strumento utile ed efficace per attuare e diffondere la giustizia sociale.

Ma, in concreto, la proclamazione di propositi rivoluzionari, spesso, contribuisce a perpetuare quelle ingiustizie che si vorrebbero combattere e sradicare .

In effetti, in vista di questo pur condivisibile obiettivo, si ricorre all'occupazione del potere per privilegiare, nella realtà, la casta che opera nel governo e nelle amministrazioni periferiche dello stato, in coerenza sostanziale con il preminente obiettivo della conservazione dei benefici settoriali già conseguiti.

In questo modo, la *rivoluzione* non opera alcun mutamento nella società e, in particolare, nel rapporto tra chi *comanda* e chi è sottoposto al potere, a qualsiasi livello il medesimo potere si espone e si propone.

È un fenomeno, che, negli accadimenti storici, si è ripetuto sia in modo evidente sia sotto svariate cornici, vieppiu' ingannevoli a causa dell'intrinseco subdolo mascheramento di leggi intenzionalmente ambigue.

In parole povere, l'*opportunismo,* come obiettivo latente, si è varie volte imposto e potrebbe sempre imporsi ancora oggi con interventi, spesso impalpabili nelle loro immediate incidenze: questo meccanismo viene, non di rado, sapientemente veicolato attraverso mass-media, pubblicità e comunicazione sociale, secondo differenti modalità, che, a vario grado e a diversi livelli, riducono o eliminano il senso critico dei cittadini .

Titolo e sottotitolo, che ho conservato, mi hanno indotto, per così dire, a *ripensare* la RIVOLUZIONE, compiendo uno sguardo indietro verso gli anni "70, che, per così dire, ho racchiuso in quello che ho definito CONTESTO PREDISPONENTE, il cui significato sarà compreso nel prosieguo della lettura.

***

Anche in Italia, negli anni "70, il clima politico-sociale era genuinamente pervaso dalla sete di cambiamento, che doveva concretizzarsi soprattutto in termini di nuovi posti di lavoro per giovani e meno giovani.

Il mondo politico, a dire il vero, diede anche delle risposte, quanto a occupazione, almeno in prospettiva, mediante le ormai abusate promesse pre-elettorali, progettando e finanziando poli industriali persino in zone assolutamente inidonee, pur di aggredire la carenza di lavoro.

Al riguardo, emblema di politici dalla visione limitata sono stati gli insediamenti petrolchimici nella Sardegna centrale, che, in quanto collocati in territori lontani da porti, sorgevano già destinati al fallimento: cosa che, poi, avvenne, rendendo, per giunta, improduttivi quegli stessi terreni che, per vocazione, in antecedenza, erano in grado di favorire egregiamente lo sviluppo della pastorizia e dell'agricoltura.

2- ANSIA DI RINNOVAMENTO

Comunque, negli anni "70, l'ansia di rinnovamento soffiava dappertutto.

Sotto il profilo ideologico, tutto si sposava con la prospettiva di una *rivoluzione,* che appariva magicamente risolutiva e della quale molti giovani avevano cominciato a sentire parlare nelle aule scolastiche, coniugandola con l'entusiasmo e motivandola con specifiche letture.

Il mondo politico, dal canto suo, si mostrava disponibile ad ascoltare, per così dire, i segni di malcontento, che serpeggiava tra la gente.

La prima risposta, come accennavo prima, avvenne sul piano occupazionale, almeno quanto a promessa.

Sotto il profilo, diciamo così, socio-politico, si inventò anche un metodo di partecipazione giovanile alla vita pubblica, con l'istituzione delle cosiddette **consulte giovanili,** emanazione locale dei vari movimenti studenteschi che nascevano un po' dappertutto.

Attraverso questo metodo i giovani erano chiamati a discutere, a confrontarsi sui temi del momento e, infine, a esporre relative proposte. Queste consulte costituivano una sorta di sede di consulenza, la cui efficacia, tuttavia, era e rimaneva tutta da valutare, quanto meno relativamente all'incidenza reale sui mutamenti successivi sopravvenuti, invero assai limitati.

In realtà, le consulte giovanili, ancorché presentate con intenti condivisibili, si sono generalmente rivelate uno strumento, per giunta di natura apparentemente e/o intenzionalmente *democratica,* congeniale a fronteggiare le agitazioni dei cittadini, che ricorrevano anche all'occupazione delle strade e all'interruzione di pubblici servizi per sollecitare soluzioni immediate o interventi tempestivi da parte delle autorità politiche.

È appena il caso di rilevare che i conclamati obiettivi democratici sono, in linea teorica, sempre condivisibili e insuscettibili di dissenso.

Il gioco democratico, con buona pace di molti, evitava gran parte delle reazioni fuori dagli alvei istituzionali.

Gli stessi leaders delle consulte venivano, spesso a loro insaputa (ma non sempre!), utilizzati a incanalare le proteste e le agitazioni, che si rivelavano paradossalmente vantaggiose per il potere politico costituito.

Secondo questo meccanismo, che gli uomini, spesso, tendono a riciclare, quella che la massa giovanile reputava RIVOLUZIONE finiva per essere soffocata, sin dal suo sorgere, con la connivenza, più o meno inconsapevole, degli stessi leaders che la predicavano, forti del loro ruolo di guida.

Tuttavia, l'idea originaria, anche se non originale, conservava, per la maggior parte delle persone, la sua sostanziale validità, in quanto mirava a modificare le strutture sociali, operanti in modo ingiusto, dove emergevano principalmente giovani nati e cresciuti in famiglie abbienti e, per tacito automatismo, destinati a usufruire dei privilegi censuari dei loro genitori, cioè, diciamolo pure, dei privilegi di *classe:* termine, invero, che, da tempo, sembra sia stato accantonato, se non, addirittura, eliminato dal vocabolario, almeno nel significato di gruppo di persone accomunate e/o divise sulla base delle ricchezze possedute e non possedute.

Negli anni "70, *classe* era una parola ancora in voga, specialmente tra i poveri. I movimenti giovanili ci ricorrevano a pieni polmoni.

Peraltro, il mondo politico dimostrava rispetto verso i contestatori, ai quali sollecitavano le proposte, almeno, per così dire, a livello di consulenza. In realtà, nella maggior parte dei casi, questo diritto era, in buona sostanza, aleatorio, in quanto, a conti fatti, l'interlocuzione non oltrepassava i confini di uno scambio di opinioni.

Esso, per così dire, sostava ai margini della politica decidente, che elaborava leggi e regolamenti badando bene a non ledere privilegi costituiti, radicati e ben sedimentati negli apparati nazionali e locali.

Al riguardo, sono indicative le varie riforme operate in campo scolastico, a livello nazionale.

Teoricamente, esse proponevano il miglioramento dell'offerta formativa, tentando, a volte, di ampliare la platea delle discipline nei piani di studio. Nei fatti, spesso, gli interventi ministeriali comprimevano la preparazione dello studente e si rivelavano strumenti di sbriciolamento strisciante della formazione.

In questa ottica, occupò un ruolo determinante un equivoco nel predisporre le varie *riforme,* in cui l'obiettivo dichiarato era l'estensione del diritto allo studio. Obiettivo, ovviamente, ancora una volta, come altri, condivisibile e condiviso, nell'alveo di un paese autenticamente democratico. Contrastarlo sarebbe stato, come minimo, un delitto.

Con l'osannato *diritto allo studio,* si sottintendeva la possibilità di fornire un titolo ad una massa sempre più numerosa di studenti: operazione che, spesso, finiva per essere attuata a prescindere dalla preparazione culturale conseguibile e conseguita, già di per sé via via strutturalmente ridotta, a causa dello snellimento dei programmi ministeriali.

Sotto il profilo pratico, tale genere di *riforme* contribuì a favorire e ad accrescere il divario culturale tra studenti di famiglie povere e studenti dal censo sostenuto.

Di conseguenza, i primi erano destinati a usufruire di una formazione di base limitata all'offerta della scuola pubblica, mentre i secondi avrebbero potuto frequentare istituti dove lo studio, cioè non un mero formale *diritto* allo studio, rimaneva scopo primario della frequenza.

Di fronte a questa situazione, insanata anche ai nostri giorni, gli studenti delle famiglie abbienti erano, checché se ne dica, automaticamente pronti a occupare ruoli sociali preminenti nella vita pubblica.

Con tali premesse paradossali, a catalizzare l'interesse sulla rivoluzione, ancorché variamente concepita a partire dagli studenti e dalle famiglie povere, in Italia, era, sin dal primo dopoguerra, un partito capillarmente diffuso, cioè il PCI (Partito Comunista Italiano), che cresceva di potere e di consensi, come vedremo più avanti.

3- QUALE RIVOLUZIONE ?

In questo quadro di riferimento, la *rivoluzione* era percepita sia come sommovimento delle istituzioni esistenti sia, in misura prevalente, come occupazione di potere da parte del popolo, attraverso la scelta di propri rappresentanti.

Comunque, il fine specifico della *rivoluzione* rimaneva l'allontanamento di governanti, che provenivano da settori considerati ostili ai poveri o, se non altro, capaci soltanto di agire in difesa degli interessi dei benestanti, indipendentemente dagli influssi di ordine generale sull'assetto economico generale.

Tuttavia, è opportuno evidenziare che non venivano proposti altri elementi che avrebbero avviato e sottolineato il cambiamento socio-economico anche come iniziale sostegno di una rivoluzione capace di offrire segni di contrasto di fronte a condizioni statiche di oppressione.

Al riguardo, innanzitutto, bisogna rammentare che le masse popolari, nel loro insieme, non avrebbero mai potuto accedere tangibilmente ad alcuno spazio di comando.

Il reale esercizio del potere sarebbe rimasto nelle mani di alcuni rappresentanti, ancorché formalmente scelti all'interno di uno o più partiti, sulla base, soprattutto, del grado di fedeltà alle direttive dei leaders accettati per autorevolezza e quasi imposti dalle circostanze.

In particolare, relativamente all'Italia, in quegli anni, capo indiscusso del PCI era, per capacità organizzativa e per carisma, Palmiro Togliatti.

Le sue doti erano ampiamente riconosciute, anche oltre il partito di militanza.

Il suo ruolo preminente, pertanto, appariva indiscutibile anche per l'esperienza acquisita durante il suo soggiorno a Mosca, a contatto diretto con i membri del Cremlino.

Quanto a modalità di comunicazione, inoltre, lo stile di Togliatti rifletteva la ricchezza di cultura, che lo tratteneva, quanto meno, dal presentarsi quale rivoluzionario inteso in senso classico, come generalmente concepito, cioè favorevole all'uso della forza quale metodo per scardinare lo *status quo* e per demolire un capitalismo, peraltro incipiente.

Togliatti, insomma, appariva rispettoso delle regole democratiche ed era parimenti consapevole dei ruoli di governo, da una parte, e di opposizione, dall'altra.

In questa ottica, egli mirava a raggiungere, diciamo così, i gangli centrali del potere, cioè, in parole povere, a governare, attraverso il passaggio elettorale.

A ben vedere, saper attendere prefigurava una strategia politica conveniente, nel senso che le difficoltà post-belliche erano gravose e non si sarebbero potute fronteggiare in breve tempo da parte di qualsiasi gruppo al governo.

Era una sfida difficile da accettare anche per un politico navigato e cresciuto, a Mosca, all'ombra di condottieri impavidi.

I problemi di ricostruzione post-bellica, non risolti e non risolvibili nell'immediato, avrebbero potuto ritorcersi contro un partito, come il PCI, che si proclamava paladino dei poveri e che, nella pratica ministeriale, non sarebbe riuscito a dare risposte risolutive alle aspettative di una popolazione appena uscita dalla guerra.

La storia, di tanto in tanto, si ripete.

Ricordiamo, per esempio, che, attorno al 530 a.C., la città greca di Mileto era in preda ad una lotta di classe tra il Partito dei ricchi e il Partito dei poveri, identificabile, almeno in linea teorica, col PCI. Oggi, come allora, le soluzioni non erano e non si presentano a portata di mano.

Quindi, anche in Italia, allora, appariva ed era conveniente rimanere sui banchi dell'opposizione per combattere un governo che doveva decidere su numerosi problemi.

Vieppiu', proprio per la sua lungimiranza, più o meno meditata, Togliatti non esitò a far approvare l'inserimento dei Patti lateranensi nella nascente Costituzione italiana, facendoli *metabolizzare* ai suoi elettori, che, in verità, avevano personali problemi economici da affrontare.

Fu una scelta che avrebbe potuto ritenersi blasfema, dal punto di vista dei gruppi anticlericali, perché tali accordi erano stati sottoscritti tra lo Stato italiano e Mussolini e riconoscevano privilegi alla chiesa cattolica.

Peraltro, a livello locale, i comunisti esibivano un radicale disprezzo, se non, addirittura, odio, verso ogni forma di religiosità e verso quanti erano considerati credenti.

Per loro, la religione era davvero l'oppio dei popoli, capace soltanto di sostenere le ingiustizie a danno dei poveri.

Ma la sagacia di Togliatti portò i suoi frutti nei rapporti tra partiti e contribuì sicuramente a favorire, a lungo andare, un clima conciliante anche nei confronti della gerarchia ecclesiastica.

Tuttavia, se, a livello nazionale, il sistema democratico era accolto con favore, almeno, nei rapporti ufficiali, gli esponenti comunisti locali e, ancor più, i numerosi iscritti al Partito nutrivano e manifestavano, come già rilevato, odio virale contro la chiesa e l'apparato ecclesiale, rifiutando i sacramenti e, persino, ogni sorta di dialogo con chi mostrava anche un briciolo di fede.

Inoltre, nei centri periferici, un dialogo tra comunisti e credenti non avrebbe potuto trovare, allora, punti di convergenza sulla giustizia sociale, come, in anni successivi, si verificò, per esempio, col fenomeno, che si definì *cattocomunista*.

Lo stesso Paolo VI, nell'enciclica **Ecclesiam suam**, richiamandosi ad un autore latino (Terenzio), sosteneva che niente di ciò che è umano andava considerato estraneo, fornendo motivazioni teoriche al dialogo.

Era, a ben vedere, un incoraggiamento, rivolto alla parte politica, cioè la Dc, che sosteneva gli ideali cristiani, ad aprirsi verso gli altri. Incoraggiamento che, per così dire, cominciò a essere ascoltato soltanto qualche anno più tardi, come prima accennato.

Comunque, la gente comune prescindeva dagli elementi di un dialogo che aveva, o poteva avere, solo delle finezze intellettuali.

4- PRIMUM VIVERE, DEINDE PHILOSOPHARI

La gente guardava all'ingiustizia, ampiamente intesa, di cui soffriva ogni giorno e chiedeva, innanzi tutto, di essere soddisfatta nei bisogni elementari del vivere, secondo l'antico detto latino: *primum vivere, deinde philosophari.*

Un altro aspetto va, oggi, considerato in relazione all'atteggiamento allora diffuso tra il popolo comunista nei confronti della violenza come strumento per arrivare al potere.

Basta un esempio: nel 1956, scoppiò la rivolta ungherese che fu soppressa con l'intervento dei carri armati sovietici.

La gente, ancorché non fosse naturalmente insensibile, rimase attenta e orientata più verso i propri interessi materiali immediati che verso il rispetto dei diritti fondamentali da garantire ad ogni popolo, mettendo in sordina l'elemento-liberta'. Senza pane, nessun genere di libertà avrebbe potuto avere senso: questa era, allora, la convinzione della gente. Secondo le motivazioni addotte dai vertici comunisti, l'intervento armato avrebbe impedito ogni atto *controrivoluzionario.*

Appariva normale, e lo era, pensare ai propri problemi. E, in testa a tutti, primeggiava il soddisfacimento dei bisogni alimentari da garantire alla famiglia.

Del resto, l'Ungheria non era così vicina.

In fin dei conti, i carri armati sovietici -si pensava e si faceva capire- scongiuravano il rischio di dare mano libera ai capitalisti, che opprimevano il popolo.

Come si può dedurre dai richiami sopra delineati, il libro compendia una serie di argomenti che possono essere inquadrati entro una generale prospettiva: quella del danaro e, per contro, dell'indigenza che se ne riscontra in larga parte del mondo.

In una parola, il termine tecnico, ma plasticamente indicativo ed evocativo, è *iniqua distribuzione* delle ricchezze a livello mondiale, che si riflette, inequivocabilmente, sui comportamenti e sulle strutture a livello locale.

Il riferimento temporale (settembre 1969), che ho indicato in apertura, è utile per ricostruire un percorso di pensiero coerente con il fondamentale, elementare rispetto per l'uomo nella sua *creaturalita'* errante e, allo stesso tempo, tesa a migliorare la qualità del vivere entro una scala di priorità.

Questo percorso, sotto il profilo di una ricerca personale, modulata sull'esperienza, è culminato nel mio libro IL **NULLA E L'ASSOLUTO, oltre la logica del pregiudizio e dell'inutile, vendut**o da AMAZON (edizione digitale e cartacea).

5- UNA RIVOLUZIONE PER L'UOMO ?

categoria dell'opportunismo

- appunti-

-30 sett. 1969-

Rivoluzione è imbracciare il fucile?

Sparare contro quelli che vengono genericamente indicati come *reazionari borghesi* **e che perpetuano lo sfruttamento dei propri simili nelle fabbriche e nelle istituzioni, sostenendo persino riforme elaborate da governi multicolori ?**

Rivoluzione è distruggere tutto ciò che il cosiddetto mondo *borghese*, spesso non meglio identificato, ma espresso in determinate metodologie di governo, ambigui regimi (ecco un termine significativo !) democratici, nella preminenza degli intellettuali sui lavoratori delle braccia, nonché nello sfruttamento più o meno elaborato, vuole conservare per non intaccare minimamente i propri privilegi di classe-principe e di classe-guida di fronte ai meno abbienti ?

Rivoluzione è cambiamento di rotta, anzi è la distruzione della rotta aperta e difesa da chi ha l'interesse egoistico di conservare il proprio ruolo sociale ?

È far mutare il pensiero di coloro che navigano in fiumi di parole a sostegno della classe dei poveri e dei minatori, i quali, invece, trascorrono l'esistenza sotto terra e, appena riemergono alla luce del sole, se ne vanno all'altro mondo ?

In conclusione, a parte gli interrogativi sopra esposti, rivoluzione è edificare strutture sociali che consentano ai cittadini bisognosi di vivere giornate serene: questo, al di là di ogni discorso retorico, è, in buona sintesi, l'obiettivo fondamentale della rivoluzione.

Il paradosso è che, su questo obiettivo, tutti si dichiarano perfettamente d'accordo, anche se, poi, in realtà, non si raggiunge paradossalmente, la condivisione di un progetto univoco di **rivoluzione** e di un conseguente programma politico.

Infatti, quanto a elaborare strumenti e leggi idonee a concretizzare tale programma, il consenso comincia a sfumare, perché entrano in circolo egoismi e interessi di parte.

Di conseguenza, anche le domande rivolte prima su alcuni possibili contenuti della rivoluzione trovano risposte per lo più ambigue e confliggenti.

Tuttavia, l'elemento che, in ogni caso, resta prioritario è studiare, proporre ed esporre in modo, per così dire, popolare qual è l'oggetto della rivoluzione, a prescindere da eventi relativi, spesso divergenti, che la storia umana ha registrato.

Questo metodo, scevro da retorica, consente di tracciare alcune linee direttrici di una teoria, diciamo così, rivoluzionaria.

Ovviamente, in tale elaborazione concettuale, non si può prescindere dal soggetto della rivoluzione, cioè da colui e da coloro cui spetterà il compito di attuare e vivere i cambiamenti, elaborando ed edificando idonee strutture.

Peraltro, come già si è intravisto negli interrogativi in sospeso più sopra manifestati per la riflessione, l'oggetto-rivoluzione si presenta multiforme in ampiezza tale da non poter essere circoscritto agevolmente.

Ciò nondimeno, l'impegno di ricerca impone di delineare alcune osservazioni di base sulle modalità temporali con cui si sviluppano, si perpetrano e si perpetuano situazioni illecite, ancorché, a volte, legalmente elaborate e supportate. E questo avviene, perché, nel tempo, il quadro normativo e giuridico è stato predisposto ed approvato da persone che rendono lecito anche ciò che è immorale e inaccettabile.

Il campo culturale, nel senso più ampio del termine, stampa e pubblicità incluse, offre una visione sui privilegi di cui gode una platea di cittadini, dotati di portamonete, ad onta di ingannevoli statistiche, che attribuiscono percentuali univoche e ipocritamente omogenee di ricchezza, che, in concreto, appartiene a pochi.

Le somme riassuntive delle statistiche offrono un affresco complessivamente corretto, ma, nei dettagli, i numeri forniti sono inidonei a rispecchiare e, quindi, a comunicare una realtà obiettiva e fedele dei fatti vissuti dagli individui.

La statistica attribuisce un reddito totale suddiviso tra tutti i cittadini. Quindi, ciascuno è presentato come titolare di una certa risorsa: cosa assolutamente non vera, ma, anzi, del tutto ingannevole e, per giunta, avallata da organismi sovranazionali.

In realtà, il figlio del povero, se vuole studiare, per esempio, deve anche aiutare la famiglia nel lavoro dei campi. Inoltre, non può disporre di tutti i libri richiesti, scambiandoseli con altri compagni in simile situazione.

Segnaliamo un altro dato: rimediare un pasto decente ed acquistare abiti, spesso, erano, e sono, problemi che durano una vita.

Insomma, di fronte ad ogni evenienza, di ordine sia materiale sia culturale, emerge il ruolo determinante di quel tiranno che è il danaro e che, checché se ne dica, se posseduto, si rivela strumento per rendere la persona, per così dire, *disinteressata* di fronte allo stesso danaro.

Al riguardo, riporto un interessante pensiero di Karl Marx, che, nonostante tutto, conserva, purtroppo, una sostanziale validità.

Dico: purtroppo, perché avrei preferito che l'osservazione di Marx risultasse errata.

Comunque, leggiamola, riflettendoci con riguardo alla povera gente che ci circonda:

<<Io, se non ho danaro per viaggiare, non ho alcun bisogno, cioè: non ho alcun reale e realizzantesi bisogno di viaggiare.

Se ho vocazione allo studio, ma non ho il danaro occorrente, non ho alcuna vocazione allo studio. Ma, se ho volontà e danaro, la mia vocazione allo studio risulterà efficace.

Il danaro, in quanto mezzo e potere esterni e generali, non derivanti dall'uomo come uomo né dalla società umana come società, fa della rappresentazione una realtà e della realtà una mera rappresentazione.

Insomma, il danaro tramuta le reali forze umane e naturali in rappresentazioni meramente astratte e, perciò, in imperfezioni e penose chimere, come, d'altra parte, tramuta le reali imperfezioni in reali forze sostanziali e poteri.

Già soltanto per questa caratteristica, il danaro è, dunque, il generale pervertitore dell'individualità.

Come forza sconvolgente, esso appare contro l'individuo e contro i legami sociali.

Tramuta la fedeltà in infedeltà, l'amore in odio, l'odio in amore, la virtù in vizio, il vizio in virtù, lo schiavo in padrone, il padrone in schiavo, l'idiozia in intelligenza, l'intelligenza in idiozia>>.

La tesi di Marx appare, sostanzialmente, condivisibile e replicabile nella società contemporanea. Vieppiu', evidenzia un'anomalia recepita anche in ambienti intellettuali, nel senso che veniva e viene rifiutata o, quanto meno, sottaciuta per timore di sommovimenti che tale constatazione avrebbe potuto e potrebbe provocare sull'ordine costituito.

Eppure, al di fuori di visioni settarie, il pensiero sul danaro sopra riportato era ed è condivisibile anche tra i cristiani. Anzi, la realtà che descrive deve essere mutata a beneficio di tutti.

L'efficienza del danaro è capillarmente penetrante e schiacciante a favore di chi lo possiede. Le famiglie conoscono questo potere, soprattutto quando non possono disporre di tale strumento, neppure a fronte delle impellenti necessità del vivere quotidiano. Dal canto suo, il ricco sa perfettamente che l'utilizzo dei quattrini o, quanto meno, la possibilità dell'utilizzo reca tranquillità in famiglia per fronteggiare e risolvere molti problemi di rilievo ordinario e, anche, per soddisfare spese voluttuarie che, soltanto quando le riserve finanziarie lo consentono, diventano necessarie per il ben vivere.

Il discorso sulla ricchezza, tuttavia, presenta ombre di ambiguità che, successivamente, si rivelano vantaggiose per la difesa dei privilegi costituiti.

6- IL DANARO È TUTTO ?

Al riguardo, il primo elemento da sottolineare è l'affermazione secondo cui il danaro non è tutto e che esso men che mai dà la felicità.

Esso, si dice, è un mezzo da utilizzare per lo scambio e l'acquisto delle merci.

Credo di non sbagliare affermando che queste opinioni sono largamente condivisibili, almeno sotto il profilo teorico. E lo sono ancor più se il danaro di cui si parla è alla portata, cioè nelle tasche, di tutti gli interlocutori. Altrimenti, chi ne è privo non si trova sullo stesso piano di chi ne ha larga o, anche, sufficiente disponibilità per spendere nel soddisfacimento delle necessità elementari e, perché no?, di aggiungibili incombenze voluttuarie.

In effetti, sentiremo sempre il ricco sostenere che il danaro, nella vita, non rappresenta il tutto e che, vieppiu', non elargisce la felicità.

Certamente, esso non garantisce né la felicità integrale dell'uomo.

Ma la disponibilità del danaro crea le condizioni materiali per trascorrere serenamente l'esistenza anche sotto il profilo intellettuale. Dire che i soldi non sono il tutto nella vita, spesso, è un agevole gioco di parole per giustificare le condizioni di povertà in cui versa parte dei cittadini, in ogni angolo della terra. Del danaro, al contrario, ogni uomo deve essere in grado di possedere almeno la quantità necessaria per vivere.

Invero, comunque, non va dimenticato che, invece, da esso si è dominati e azionati, sia che se ne disponga sia che costituisca una carenza tale da lasciare un bisogno non appagato.

Spesso e volentieri, coloro che, a parole, contrastano la tirannia del dio-danaro, in realtà sono adoratori di Mammona, perché, col suo possesso, riescono a usufruire di cospicui vantaggi, che, per la maggior parte della gente, sono irraggiungibili e volutamente negati. In tale modo di affrontare la questione, le persone mirano a offrire motivazioni, invero esili e ipocrite, sostenendo, ad ogni piè sospinto e fino alla nausea, che la ricchezza non rende felici.

Intanto, si verificano situazioni concrete che dimostrano la necessità inderogabile di disporre del danaro, la cui mancanza, al contrario, aggiunge problemi a problemi.

I poveri sogneranno delle soluzioni o, quanto meno, si asterranno da ogni ricerca di benessere, affidandosi, per così dire, alla sorte.

<Mala cosa nascer poveri >>,

faceva dire Manzoni a Renzo!

A volte, a sostegno di questo atteggiamento di supina indifferenza, sovviene erroneamente l'utilizzo contorto della religione, che sospinge il povero a sopportare tutti i disagi, senza reagire, in una cornice di superstizione che si rivela agevole a sostegno delle ingiustizie operanti nella società e che, in ultima analisi, fornisce validità al concetto di religione come oppio dei popoli.

Intanto, manca l'uguaglianza, per così dire, di partenza, che non muta i naturali vantaggi di una limitata platea ridotta di persone.

Torna utile, al riguardo, riportare quanto lo studioso inglese Herbert Albert Fisher scrive a proposito della rivoluzione francese, che includeva l'*uguaglianza* tra i prioritari obiettivi da assicurare:

<<il difetto fondamentale era la mancanza di uguaglianza sociale, di tasse uguali, di libertà politica.

I privilegi, medievali e assurdi, pervadevano l'intero corpo politico: privilegi della chiesa, della nobiltà, delle corporazioni corrompevano la giustizia, imponevano ai poveri le tasse più gravose e impedivano l'accesso nell'esercito, nella marina, nella chiesa e nella magistratura alla più intelligente classe media d'Europa.

L'alto clero francese, che non pagava tasse, era decadente nella pubblica stima per le sue ricchezze, mondanità e vizi (...)

La rivoluzione scoppiò perché la monarchia non seppe risolvere la questione dei privilegi.>>. (Storia d'Europa- vol. 2).

Senza ulteriori precisazioni, una domanda sorge anche davanti all'attenzione dell'uomo contemporaneo:

ai nostri giorni, le condizioni della maggior parte degli uomini possono essere ritenute differenti da quelle vigenti alla vigilia della Rivoluzione francese ? Certamente, una platea consistente usufruisce di vantaggi materiali in misura superiore.

Per esempio in ordine all'accesso verso posizioni di potere o, comunque, di direzione politica-amministrativa-culturale-economica, persistono ostacoli davanti alle pur legittime aspirazioni di coloro che provengono da famiglie non blasonate quanto al censo e quanto a eredità professionali.

La condizione che conosciamo appare sempre sfavorevole per coloro che non possono disporre di sufficienti mezzi per vivere e, ancor meno, per accrescere la loro cultura, nel rispetto dei bisogni spirituali.

Anche l'ignoranza incolpevole dei poveri favorisce le classi privilegiate e, in seno a queste, trovano terreno fertile i prepotenti e i conoscitori del diritto. Infatti, il ricco può ricorrere al giurista preparato per difendere i propri interessi e per far valere i propri diritti, secondo canoni di legge, spesso predisposti in formule a loro favorevoli.

Del resto, la realtà è ben rispecchiata nelle norme finanziarie. Il danaro è tenuto nella massima considerazione, assai scandalosamente percepibile nel momento in cui episodi relativi al danaro (per esempio, debiti bancari, mutui non onorati ecc., riguardanti soprattutto persone indifese) vengono sanzionati come, spesso, non lo sono reati veri e propri connessi a violenze e persino a omicidi.

Se non paga fino all'ultimo centesimo il povero si trova esposto automaticamente e inesorabilmente a vari gradi di condanna.

7- LE CLASSI SOCIALI

Una annotazione storica è, qui, opportuna.

Originariamente, **classis** indicava la chiamata alle armi per i cittadini romani. Successivamente, il significato del termine si è esteso fino a designare la categoria di tutti coloro che avevano il diritto di arruolarsi. L'incardinamento nell'esercito era un privilegio, nell'antica Roma. La **plebs,** in effetti, ne era totalmente esclusa. Era al di fuori della **classis.**

Poi, tutto il popolo venne suddiviso in cinque classi, a seconda dell'equipaggiamento di cui il singolo **miles** (militare) poteva disporre.

Questa disponibilità, evidentemente, era determinata dal censo, dalla ricchezza di famiglia. Infatti, chi non disponeva di risorse era fuori da ogni classe. Era il **proletarius,** destinato esclusivamente a produrre figli per la società e assente da ogni attività pubblica. Per concorrere alle cariche onorarie, prive di retribuzione, come, per esempio il consolato, era richiesto il possesso di un certo patrimonio: requisito di cui era privo il **proletarius.**

Riportate all'oggi, le condizioni si ripetono nella sostanza. È vero che, ai nostri giorni, anche al nullatenente è riconosciuto teoricamente il diritto di aspirare alle cariche pubbliche. Ma non si può ignorare che le probabilità di riuscita si presentano in misura palesemente inferiore rispetto a coloro che dispongono, quasi sempre contemporaneamente, sia di addentellati istituzionali sia di risorse economiche.

La molla di tutte queste operazioni è, come si nota, il danaro, che salva anche da situazioni incresciose. Vieppiu', le operazioni giuridiche in campo finanziario vengono motivate con la libertà che, sempre in linea teorica, si dice, è garantita ad ogni uomo.

Ma: che cosa è o si intende per libertà?

Genericamente, la si può assimilare all'essere sciolto da ogni costrizione e da ogni condizionamento fisico, morale e psichico. Per esporre meglio e sinteticamente il concetto, ci sovviene la seguente osservazione:

.ogni uomo, vivente in un determinato ambiente, naturale storico sociale familiare professionale ecc., generalmente parlando, assimila modi di pensiero e di comportamento derivanti da quell'ambiente, spesso senza reale convinzione. Egli vive e opera secondo lo stile di vita che, generalmente, assimila da quanto gli sta e gli vive attorno sin dalla nascita.

Ma, per essere libero, lo stesso uomo deve prendere coscienza di tale stile di vita e, allo stesso tempo, avere gli strumenti intellettuali e concreti per poterlo o recepire con piena consapevolezza o rifiutarlo in vista di altri obiettivi.

La realtà ci insegna, spesso, che l'indivuduo assorbe inconsciamente, per interesse o per pigrizia, pensieri altrui senza senso critico, cioè, in ultima analisi, senza profonda libertà.

Questo può accadere anche sotto il profilo religioso. Una persona può compiere le pratiche relative al suo credere. Può frequentare, sia pure irregolarmente, la chiesa e via di seguito, anche se, quanto a comportamento, è incline a trasgredire i Comandamenti, riservandosi di ricorrere, nel migliore dei casi, alla confessione per purificarsi la coscienza, come è prassi tra i cattolici. Tale condotta difforme o contraria ai Comandamenti evidenzia, oltre la carenza di spirito cristiano, un fenomeno deleterio soprattutto in riferimento alla convivenza sociale:

.si antepone il fumoso e ambiguo concetto di **onorabilità** ad ogni profondo convinto senso religioso, che privilegia l'interiorità, cioè l'intenzionalità, priva di costrizioni, da cui deve essere originata e determinata qualsiasi scelta esterna.

8- IPOCRISIA:

DIRE CIÒ CHE NON SI PENSA

Appare arduo certamente realizzare nella propria vita quanto scrive Seneca, nella lettera 10, richiamando un pensiero di Atenodoro, che esprime plasticamente il concetto di coerenza, ai nostri giorni in disuso o attentamente mascherato sotto ragionamenti circonvoluti.

Ecco l'insegnamento:

<<Sappi che sarai libero da ogni passione, quando giungerai a chiedere a Dio solo ciò che puoi chiedere pubblicamente.

Vivi con gli uomini come se Dio ti vedesse.

Parla con Dio, come se gli uomini ti udissero>>.

Al contrario, oggi, si propaga nella pratica un comportamento deleterio che consiste

nel dire ciò che non si pensa

e

nel pensare ciò che non si dice.

Come conseguenza, si registra una generale ipocrisia che alimenta il convivere civile sia a livello interpersonale sia a livello politico, cementando una profonda sfiducia e una dannosa slealtà che producono e propagano inganni reciproci.

Un simile insegnamento si trasmette pacificamente anche tra i bambini, che, si dice ad ogni piè sospinto, rappresentano il cosiddetto **futuro del paese, di ogni paese, democratico e non.**

Leggiamo ciò che racconta lo scrittore egiziano Al Aswani:

<<Un amico alla figlia undicenne, che gli chiedeva che cosa di importante avesse fatto il loro presidente Mubarak, rispose seccamente:

"Nulla!".

La bimba va in camera e viene raggiunta dal padre che voleva conoscere il perché di quella domanda.

Ecco la spiegazione:

Era il titolo di un tema, che la scolara aveva, ovviamente, completato secondo l'indicazione ricevuta dal padre stesso.>>.

Spiazzato, l'amico dello scrittore tentò di spiegare che quella risposta non si poteva riportare in un compito in classe, cioè in pubblico, e che, al contrario, andava scritto ciò che la maestra aveva detto a scuola, cioè, certamente, un elogio per l'attività del presidente.

Mi piace ricordare, a proposito, un'esperienza personale, che fa capire come certi comportamenti possono ripetersi in diversi contesti e in diversi periodi.

Ecco il mio esempio:

a metà degli anni "60, la mia insegnante di lettere esigeva che stile e argomenti, in Letteratura italiana e Storia, ricalcassero le sue indicazioni e le sue opinioni, se si voleva ottenere un giudizio positivo nelle due discipline.

All'esame di diploma, con la stessa docente in funzione di commissaria interna, ad una domanda su Pio IX, ripetei le nozioni anti-papiste apprese a scuola.

Per mia fortuna, era presente lo scrittore Remo Branca, in qualità di presidente, che bloccò la mia esposizione di Storia.

Informato da chi avessi appreso quelle nozioni, avviò una discussione con la mia docente, che uscì dall'aula, letteralmente, con le lacrime agli occhi.

I due episodi innescano qualche considerazione interscambiabile, che richiama l'esigenza di rispettare gli altri e le loro idee, senza indulgere a sopraffazioni dettate dal ruolo occupato o, peggio, da disonestà intellettuale.

In entrambi gli episodi, il metodo di comportamento suggerito e/o provocato era ed è quello dell'ipocrisia sotto la pressione dell'interesse immediato, che, comunque, a lungo andare, si rivela un costante subdolo incentivo al blando o assente esercizio del senso critico da parte di chi si lascia coinvolgere o di chi è costretto ad essere succube di opinioni e scelte non condivise.

In entrambi i casi, non si è compiuto un atto consono ad un principio democratico, in quanto, più o meno soavemente, è stato conculcato il diritto alla libera espressione e al giudizio obiettivo nei confronti di personaggi (presidente o docente), investiti di un certo ruolo.

Negli episodi segnalati, è evidente l'insegnamento che gli adulti, o certi adulti, vogliono trasmettere ai giovani e che si è riportato prima, cioè:

dire quel che non si pensa

e

pensare quel che non si dice.

Da notare che i *regimi* vigenti in Italia e in Egitto erano differenti: *democrazia* nella prima e dittatura nel secondo. Ma la sostanza appariva identica.

Chiaramente, una rivoluzione, o cambiamento socio-politico che dir si voglia, non può assolutamente costruirsi sulla slealtà e sull'ipocrisia, a livello sia individuale sia comunitario.

In ambito scolastico, mirante, per definizione, a trasmettere cultura, all'interno di uno stato democratico, il docente è tenuto a fornire informazioni stimolando la discussione, senza comprimere le idee degli studenti. Costoro, infatti, devono essere sostenuti nell'ampliare le conoscenze, anche attraverso l'utilizzo di fonti diversificate.

Essi non vanno indirizzati sul binario, spesso isocromatico, dell'operatore, collocato obiettivamente in una posizione prevalente che, quasi in modo impalpabile, è capace di produrre una corona di sostenitori più o meno convinti.

In campo mediatico, il fenomeno non è meno diffuso e, spesso, risulta facilmente nascondibile. Infatti, a monte, ogni notizia viene scelta tra altre che, quindi, vengono scartate, operando, di fatto, una certa censura o autocensura che dir si voglia.

Questo si verifica perché, nonostante ogni negazione, spesso, si citano eventi o, anche, particolari di eventi che tendono a confermare le personali opinioni di chi scrive e, persino, i pregiudizi, perché, come sostiene Brendan Nyhan, ricercatore universitario del Michigan,

<<è destabilizzante ammettere di avere torto>>.

Al contrario, lo spirito democratico, anzi è il caso di dire: *autenticamente democratico,* insegna ad ammettere i propri errori, entrando anche in campo altrui per esplorare ed eventualmente accogliere il pensiero dell'interlocutore con umiltà davvero *rivoluzionaria.*

Il ruolo sociale completa questo quadro negativo di una coscienza immiserita e nutrita nell'ipocrisia.

Il mondo politico non è, da parte sua, immune da tale comportamento. Anzi, ne alimenta la diffusione e ne sottilizza lo stile.

Non è il caso di addurre esempi. Purtroppo, è sufficiente ascoltare i battibecchi televisivi, in modo particolare durante le campagne elettorali.

9- QUALE LIBERTÀ ?

A questo punto, si può ampliare l'osservazione sulla libertà prima accennata.

Si afferma comodamente che ogni uomo è dotato di libertà e che, quindi, nessuno si trova costretto e obbligato a compiere scelte non condivise.

Fin qui recita la teoria.

Nessuno, per esempio, può impedire ad un altro di studiare o di fare musica, per restare alla citazione di Marx.

Ma al nostro sguardo emergono situazioni reali che smentiscono chiaramente tale concetto di libertà.

In pratica, prima di intraprendere qualsiasi studio, per esempio, si è costretti a fare i conti in tasca: servono soldi per le tasse, per i libri, per i corsi di aggiornamento e cose simili.

Tutto ciò rende vacua l'idea di libertà che altri vogliono propinare.

In realtà, l'uomo non è *fenomenicamente* libero, nel senso che vive in determinate condizioni di ostacolo e di impedimento che non gli consentono il godimento di diritti pur conclamati nelle carte ufficiali di uno stato o di una comunità.

La conclusione chiara e lapalissiana è una sola: chi non dispone di mezzi per acquistare gli strumenti per studiare **non è autenticamente libero.** Per costui non esiste la libertà.

Spesso, anche molti sacerdoti sembrano rincarare la dose a sostegno di coloro che godono realmente della libertà, sottolineando, in modo settoriale, che il danaro non è tutto, che esso non dà felicità e che, infine, evangelicamente, l'uomo non vive di solo pane (risposta di Gesù a Satana).

Il punto è condivisibile, ma lo si cita in modo ambiguo, quasi per consolidare situazioni di ingiustizia sociale che lo stesso Vangelo non può avallare.

Il fatto stesso che l'uomo vive sulla terra insieme ai suoi simili indica che lo stesso Vangelo presuppone e/o richiede l'esistenza e la necessità di un sistema organizzato, o politico che dir si voglia, capace di elaborare e proporre linee direttive cui fare riferimento.

In questa ottica, evidenziare, come fanno molti, che il Vangelo non è o non deve essere un testo su cui basare un programma di ordine politico ed economico diviene un alibi per scongiurare una concreta possibilità di contributi per il cambiamento della vita comunitaria in genere.

È, insomma, un alibi, davanti a quanti fanno attività politica, per utilizzare a proprio interesse le condizioni svantaggiose vissute da altri.

È vero: il Cristianesimo mira prioritariamente a formare le persone in vista del Paradiso. Ma queste stesse persone si devono cimentare con problemi quotidiani su questa terra e in seno a regimi politici di vario genere. Altrimenti, Dio stesso avrebbe creato un mondo diverso, magari angelicato, dove far crescere l'umanità

Dunque, la realtà impone uno sguardo sulla terra e sui problemi, sia pure, se si vuole, anche attraverso la prospettiva evangelica, entro la quale, peraltro, è fondamentale avere riguardo all'essere-uomo.

Del resto, la povertà materiale in senso largo è il segno distintivo della carente qualità della vita che caratterizza la maggior parte degli uomini. A tale condizione è intimamente legato il riconoscimento della *subalternità* , per così dire, statica, al di fuori di ogni ruolo attivo e reattivo, di chi è costretto a subire influenze oppressive sulla propria pelle, sia in senso materiale sia di fronte a bisogni *immateriali.*

Tale incidenza si esplica in vari ambiti: economico, culturale, sociale, persino giuridico e religioso.

Questa situazione di *subalternità* viene paradossalmente alimentata sotto il profilo psicologico, facendo leva sull'anima del povero o della maggior parte dei poveri che io chiamo *pubblicana,* a somiglianza del pubblicano citato nella famosa parabola narrata da Gesù, sia pure in un contesto differente, dove viene esaltato l'umile riconoscimento della personale condizione di peccatore. Insomma, anima autenticamente umile, da cui traggono profitto altre persone.

Per contro, il povero è chiamato, come primo atto di liberazione, a prendere coscienza che lo stato di bisogno è generato da decisioni e progetti concepiti e provenienti da coloro che traggono vantaggio dall'ingiustizia.

Gli elementi fattuali che caratterizzano la povertà si evidenziano in carenze materiali, come la casa, l'alimentazione, la lontananza dagli studi, persino l'impossibilità di coltivare hobby.

Questo punto va sottolineato al di là di ogni obiezione che motiva l'esistente differenza sociale che, per alcuni, si pretende generata, addirittura, da una diversità di ordine naturale.

L'obiezione, come già detto, funge abilmente da alibi per perpetuare e consolidare lo *status quo* e per impedire sottilmente che altri uomini siano posti in grado di usufruire del benessere materiale, della reale uguaglianza sociale, della serenità psicologica e dell'istruzione.

La stessa obiezione proviene da un obiettivo preciso: alimentare un sistema che continui e che continua a distribuire benefici ad alcuni, con matematica esclusione di altri, per evitare che, aumentando il numero dei commensali, sia ridotta la quota della torta, cioè dei vantaggi, di cui quei pochi già usufruiscono.

In questa ottica, non si esita neppure a impostare direttive politiche che includono il risparmio come obiettivo utile ad alimentare la psicosi dell'incertezza sul futuro, nel momento stesso in cui i meno abbienti non dispongono del necessario e, quindi, sono materialmente impediti a risparmiare..

Se facciamo un salto nella storia antica, vediamo che la distribuzione di terreni ai ceti poveri era un modo per scongiurare insediamenti di tiranni. Questo ci suggerisce, per lo meno, l'esempio di Sparta, nel secolo VII a.C..

Originariamente, i tiranni conquistavano il potere in opposizione all'aristocrazia. Il popolo preferiva un governo diretto da un tiranno, che, nella realtà, ne interpretava i bisogni, al contrario del potere esercitato dai nobili. Secondo l'accezione originaria, il tiranno era sostanzialmente un *capo,* un *signore,* attento ai problemi della gente. Successivamente, il termine assunse il significato corrente di *despota.* Così, i tiranni risorgono in Sicilia, nei secoli V-IV a. C., come capi di corpi mercenari che conquistano il potere con la violenza.

Nel fenomeno, un ruolo importante ebbe la diffusione degli scambi commerciali attraverso l'utilizzo della moneta.

In pratica, avvenne che i grandi commercianti imponevano governi autoritari e rigidi, cioè le tirannie, da esercitare mediante la potenza del danaro di cui i nuovi ricchi disponevano per via dello scambio delle merci.

Comunque, per tornare ai nostri giorni, dopo una digressione storica sempre utile, anche a fronte dell'attuale situazione di estesa ingiustizia sociale, non è l'atteggiamento *pro domo sua* che sconcerta l'osservatore. Il fattore che indigna e, parimenti, preoccupa è la pressoché assoluta accondiscendenza dei poveri davanti all'accettazione dello stato in cui si trovano, stato che, salvo mutamenti, è prevedibilmente destinato a perdurare nel tempo, senza, tuttavia, sfociare in un riscatto sollecito mediante il conseguimento di un ruolo sociale e politico ben definito.

La costituzione in ruolo, perciò, diviene la premessa indispensabile per avviare un movimento in grado di attivare iniziative concrete ed incisive.

La questione che ne emerge riguarda, quindi, il **come** far esplodere la condizione di inerzia dei poveri in vista di una posizione attiva nell'immediato, a prescindere da eventuali programmi di solidarietà, gestiti, per lo più, in regime precario di volontariato, che, non di rado, obiettivamente, mantengono benefici, da un lato, e oppressione, dall'altro.

Al riguardo, non vanno misconosciuti, relativamente ai diversi gradi di povertà, i pregiudizi che contribuiscono a tramutare esperienze di miseria in degrado spirituale, in emarginazione, persino in disperazione e in atti disperanti o, per usare un termine pregnante e un po' fuori linguaggio comune, in alienazione.

Torna utile qualche osservazione sul tempo libero, immettendo subito qualche domanda:

il tempo *libero* equivale veramente a tempo *liberato,* magari in contrapposizione al tempo lavorativo configurato come spazio *alienante?*

L'argomento va sviluppato con altri elementi da valutare. Prima di tutto, di tempo *libero* si può parlare in relazione ai momenti di occupazione. Se l'individuo non lavora, chiaramente si trova in una continua posizione di non lavoro e, *fenomenicamente,* il suo tempo è di totale libertà. In effetti, si tratta di un tempo *libero-alienante* e, quindi, *non-liberato.*

In secondo luogo, non si può prescindere dall'utilizzo del tempo libero, richiamando sempre il concetto di tempo *liberato.* Ai nostri giorni, quando la *cultura di massa* tende a livellare tutte le singole personalità, il tempo libero dal lavoro si configura sempre più eterodiretto, cioè subdolamente progettato e imposto dall'esterno e, in ultima analisi, esso stesso *alienante* al pari del tempo occupato. In parole povere, l'individuo, privo di senso critico, si lascia suggestionare dal consumismo, dove, peraltro, va ad esaurirsi la disponibilità di tempo dopo il lavoro. La televisione, sotto questo aspetto, è un potente veicolo per diffondere stili di vita, di pensiero e, persino, di modi di dire ad una platea incommensurabile di persone *silenti*. Milioni di spettatori condividono lo stesso silenzio e cibano la loro mente dello stesso prodotto attraverso programmi standardizzati, davanti ai quali l'individuo occupa un ruolo passivo, senza possibilità di scelta, senza reazione consapevole e, di conseguenza, senza alcuna elevazione culturale sia relativamente alla professionalità sia in termini di arricchimento del sapere a vantaggio dello sviluppo delle doti personali.

10- L'ACQUIESCENZA DEL POVERO

A sostenere i fattori, per così dire, esterni di supporto, sopravviene, in poche parole, una sorta di contenimento della reazione da parte degli stessi soggetti emarginati, nel momento in cui costoro si astengono persino da un leggero abbozzo di opposizione per il loro iniquo stato.

Lo stato di *pubblicano,* visto nella prospettiva religiosa, diviene una condizione che lo stesso povero trasferisce all'ambito sociale, favorendo, in tal modo, coloro che si trovano nell'alveo dei favoriti.

In buona sostanza, i poveri diventano, paradossalmente, parte integrante di un piano globale e sovranazionale, dove la loro presenza acquiescente garantisce ulteriore estensione di vantaggi per coloro che ne sono già destinatari.

Il meccanismo di acquiescenza è indubbiamente illecito, ma, per il gruppo di potere che lo manovra, l'aspetto morale ha limitata o nessuna rilevanza.

A prescindere, comunque, da questo o quel giudizio etico, qui interessa ribadire che è un meccanismo dotato di perversità, incapace di generare vantaggi per la comunità in quanto sostanzialmente rivolto a sviluppare effetti alienanti e a sedimentare l'esistente. Tali elementi sussistono nelle strutture, micro-e macro-, della società contemporanea, omogeneizzate dentro un paradigma globale e, a loro modo, coordinate all'interesse particolare, rispettoso di regole dotate di coerenza connettiva capillarmente ramificata. L'intrinseca coerenza esula, per contrasto, dall'ottica mirante alla distribuzione equa di diritti e di vantaggi, al di là di distinzioni degli uomini sulla base del censo posseduto al momento della nascita.

Non è fuori luogo ribadire che le conseguenze pratiche della povertà sono più deleterie se chi si trova in questa condizione non tenta in alcun modo di porvi rimedio.

Certamente, non va dimenticato che contrastarla non è di facile attuazione, considerato che le leve del potere, oggi più che in passato, sono manovrate in modo subdolamente sofisticato e che la *libido dominandi* di certo potere, ancorché formalmente *democratico,* riesce a celare in egregia misura.

In effetti, la diffusa risposta/reazione da parte del povero-*pubblicano,* che registriamo, è rinchiudersi dentro questa condizione ingiusta, poggiandola impropriamente ed erroneamente sulla **pochezza** censuaria e contribuendo, così, ad accrescere la miseria posseduta.

I privilegiati, da esperti psicologi (in senso negativo!), utilizzano l'atteggiamento **pubblicano** del povero a loro unilaterale profitto. Naturalmente, in questo quadro, non viene messa in discussione la possibilità e la libertà di essere generosi e caritatevoli nei confronti del proprio simile o fratello, per usare il termine evangelico. Peraltro, ciascuno è libero di sopperire alle necessità materiali degli altri disponendo dei propri beni posseduti. Nessuno può impedire la libera espressione di carità.

Ma non è questo il punto su cui si vuole fermare l'attenzione, nell'economia delle osservazioni che via via vengono qui sviluppate. La prospettiva è, e vuole essere, un'altra, in quanto è eminentemente impostata e traguardata ad un obiettivo determinato: contribuire, cioè, a proporre strumenti politici operativi per instaurare un'uguaglianza reale e non ambigua in grado di assicurare un'esistenza degna dell'uomo e ampiamente generalizzata.

A questo riguardo, vanno, quindi, esclusi i mezzi termini, posto che lo scopo indicato è vecchio di secoli e considerato che viene costantemente attenuato l'impegno per la sua concretizzazione, anche mediante una artificiosa gradualità di programmi politici. Questi, ancorché venissero rispettati gli eventuali tempi di attuazione prefissati, si limiterebbero, in ogni caso, ad un livello assai inferiore di godimento per larga parte di persone. Si rende, quindi, necessario determinare misure minimali di sostegno, al di sotto delle quali non deve essere consentito di immergersi.

In una società, che, ad ogni costo, si vuole globale, non ha alcun pregio addurre obiezioni sostenute da mero spirito egoistico, che tende esclusivamente a conservare, sedimentare e cementare l'esistente e che si riverbera continuamente a danno delle popolazioni più emarginate.

Al riguardo, non si può né si deve alimentare il presupposto erroneo secondo cui la ricchezza è difficile da spartire tra molti commensali, dimenticando che si chiede l'attribuzione di una parte di quella ricchezza globale anche a favore di chi, oggi, ne è escluso, in misura tale da garantire il soddisfacimento dei bisogni materiali e immateriali per ogni persona.

La concezione aristocratica e plutocratica dell'umanità, che doveva essere già da tempo rimossa, riemerge, invero, paradossalmente anche mediante il ricorso alla solidarietà più schietta e alla carità più disinteressata. In buona sostanza, si coltiva l'idea che la carità è necessaria per sopperire alla carenza e all'inerzia delle istituzioni, che, va sottolineato, non sono entità astratte.

Le istituzioni, invero, non sono o, quanto meno, non devono essere realtà lontane e irraggiungibili. In esse, infatti, operano individui concreti, anche se vengono letteralmente, per così dire, *dereificati* nel momento in cui si mira a giustificare uno *status quo* a svantaggio della comunità, *status* che alcuni non hanno interesse a mutare in modo da garantire la conservazione di benefici tangibili soltanto alla medesima limitata platea.

11-I POVERI LI AVETE SEMPRE TRA VOI

D'altronde, il cittadino indifeso che espone qualche lamentela, anche all'autorità locale, si sente rispondere che, in ogni caso, si è adempiuto ciò che la legge prescrive, fingendo di ignorare che quella stessa legge è stata approvata da altre persone, per di più elette dai cittadini indifesi.

E il ciclo del povero è destinato a ripetersi, come ci ricorda, in qualche modo, anche il Vangelo, dove leggiamo queste parole di Gesù:

<<I poveri li avete sempre con voi...>>(Vangelo di Matteo 26: 11).

Queste parole, pronunciate da Cristo in un determinato contesto, assumono la parvenza di una predizione infausta che pende sull'umanità. In concreto, l'affermazione nasce dal fatto che gli interlocutori di Gesù si lamentavano per il presunto spreco di olio prezioso sparso da una donna, identificata in Maria (vangelo di Giovanni, cap. 12), olio che, invece, si sarebbe potuto vendere per offrirne il ricavato ai poveri.

Ma Gesù intendeva sottolineare il motivo interiore, prettamente spirituale, che aveva ispirato quello che pur era visto come uno sperpero materiale. Invero, trascendendo il mero episodio evangelico, l'insegnamento che se ne trae è essenzialmente uno: se non scompare l'egoismo, automaticamente continuerà a sopravvivere la povertà.

Del resto, il Vangelo annota che la critica per quell'apparente spreco proveniva dallo stesso Giuda che aveva in mano la borsa degli apostoli e che, insomma, da amministratore sleale, utilizzava male il danaro raccolto.

Quindi, Gesù non intendeva, e non intende, eliminare l'aiuto ai bisognosi, spesso autocondannantisi alla rassegnazione, ma sottolinea il fatto che la presenza del povero implica il dovere di sostenere chi si trova in stato di necessità. Se, poi, al singolo si sostituisce un'istituzione comunque sovraordinata, in capo agli amministratori competenti insorge l'obbligo di elaborare progetti e norme per fronteggiare il fenomeno e per eliminarlo prima che eventuali reazioni rendano precario l'equilibrio sociale.

12- CENNI SULLA POVERTÀ

Vero è, purtroppo, che parte dei regimi al potere (dittature, ma anche democrazie, almeno di nome) dispone di strutture definite istituzionali per contrastare anche fermenti contrari, sotto il profilo teorico e informativo, presenti e/o nascenti tra i cittadini.

Spesso, queste situazioni sono supportate da opinion makers che risultano ormai organici al sistema dominante, dal quale ricavano certi benefici.

Giovanni, nel suo Vangelo, al cap.12:4, commenta:

<<Giuda si lamentava dello spreco dell'olio prezioso non perché si curasse dei poveri, ma perché era ladro e, tenendo la borsa, ne portava via quel che ci si metteva dentro>>.

Il significato, come si diceva prima, dell'espressione **i poveri li avete sempre** si chiarisce e si completa col capitolo 14:7 del Vangelo di Marco, che riporta la frase di Gesù:

<<E, **quando vogliate, potete fare loro del bene>>**,

sottintendendo una solidarietà o carità più a livello personale che a livello pubblico.

Le indicazioni di Cristo si chiariscono e si completano a vicenda.

Peraltro, si può condividere quanto scrive Seneca nella seconda lettera a Lucilio:

<<È povero non chi possiede poco, ma chi brama avere di più>>.

Si può concordare con questa riflessione, a patto di aggiungere qualche commento. Innanzi tutto, la vita in povertà deve essere una scelta personale. In secondo luogo, essa non deve coinvolgere in alcun modo altre persone, neppure i familiari. In terzo luogo, va precisato e contestualizzato quell'avere di più, cui si riferisce il Filosofo: più del nulla o più di qualcosa, ma non meno del necessario. Secondo questa prospettiva, la povertà, come dice Epicuro, accettata con animo lieto, non è più povertà.

In ogni modo, qui, non si parla di povertà come decisione libera del singolo che si apparta e gioisce dello stato di rinuncia anche del minimo superfluo.

Il riferimento è alle persone inserite in una determinata comunità sociale, che mancano del necessario materiale e immateriale richiesto per conseguire un proprio stile e/o progetto di vita, nel limite della libertà consentita, cioè entro il soddisfacimento di diritti inalienabili riferibili alla vita umana.

È, tuttavia, chiaro che il primo elementare diritto che lo stato deve garantire è quello al vitto e all'alloggio: cosa che, purtroppo, non si verifica in molte situazioni.

Insomma, non si sta evocando, qui, un genere di libertà ambigua e del connesso condizionamento storico o ambientale mosso a giustificare interventi atti a calpestare la libertà stessa.

Un esempio al riguardo ci viene offerto dall'invasione della Cecoslovacchia, nel 1969, da parte dei Sovietici.

Il Paese che veniva occupata era comunista, come la Repubblica russa che operava l'invasione.

Entrambi gli stati si ispiravano a Marx e si ritenevano difensori dei lavoratori.

La Russia motivò il suo intervento con l'urgenza di difendere gli interessi del proletariato, ancorché ricorrendo a conculcare la libertà di altri cittadini. Insomma, da parte sovietica, tutto si compì come una necessità storica con l'obiettivo di non perdere la causa comunista.

Gli anni successivi mostrarono e mostrano che l'aggressione sovietica rientrava semplicemente in obiettivi di potere da conservare anche a costo della libera determinazione di un altro popolo.

Su un altro fronte, non possono ritenersi liberi i popoli, nel momento in cui la società selvaggia, ancorata sul profitto, esercita un dominio sfrenato e senza regole sul pensiero, sulle scelte, sul comportamento, persino sui modi di dire quotidiani, nutrendo, al colmo, il fenomeno con una sorta di *conformismo dell'anticonformismo.*

Evidentemente, negli intrecci sopra delineati, le persone tendono inconsciamente ad essere, in vari modi e a vari gradi, schiavizzati, allo scopo di superare un fasullo complesso di inferiorità. Un complesso di inferiorità che è determinato dall'esigenza di uniformarsi ai modelli diffusi con vari strumenti e, nel contempo, alla difficoltà obiettiva di adeguarsi agli stessi modelli imperanti, soprattutto per la mancanza di mezzi finanziari.

Peraltro, invece, ogni uomo deve attenersi ad un *sentimento di inferiorità*, nel senso che da uno stadio, per cosi dire, inferiore della situazione culturale, economica, occupazionale e spirituale lo stesso uomo deve aspirare e, quindi, giungere ad una maturità di carattere e di autonomo senso critico . In tale impegno, l'individuo si mette nella condizione di crescere per fronteggiare le difficoltà del vivere, anche quando un procedere politico emerge in direzione contraria agli interessi generali. Purtroppo, la realtà cui si è arrivati frappone un ostacolo, oggi divenuto insormontabile.

Questo ostacolo si chiama danaro e, in connessione ad esso, vige la radicata *libidine* del profitto, per cui ogni progetto viene esaminato, valutato e attuato sulla base del tornaconto, in massima parte rivolto a beneficio dei pochi che progettano.

Stando così le cose, proporre l'abolizione del danaro come merce di scambio diventa orrendamente assurdo, soprattutto per coloro che ne possono disporre in abbondanza e in modo eminente, perché Mammona è il riferimento di ogni azione, cui non si sottraggono neppure i credenti.

La perpetuazione di questo stato di cose, che, poi, si rivela di sfruttamento, avviene con il concorso e/o con il consenso dei governi, oggi meglio coordinati a livello sovranazionale, se non, addirittura, mondiale. Essa dimostra che l'egoismo individuale è stato elevato al rango di strumento generale e di molla determinante per escludere dai benefici milioni di individui.

Come in altra parte del libro si rileva, va osservato un aspetto, che rientra nel contesto sopra esaminato:

mi riferisco, in particolare, all'atteggiamento passivo e quasi rassegnato delle persone costrette a subire lo stato di sfruttamento, cioè l'acquiescenza del povero, del dominato che, spesso, non si rende conto di essere *dominato*.

13- I POVERI NELLE STATISTICHE

Per contraddire l'osservazione di Cristo, prima citata, sui poveri sempre presenti, il mondo politico non esita ad adottare criteri di valutazione sul numero dei poveri registrabili statisticamente.

Esemplare è il metodo usato, qualche anno fa, in Gran Bretagna.

Quando, nel febbraio del 2001, le statistiche evidenziavano la presenza di 500 mila disoccupati conteggiati improvvisamente in più rispetto al giorno prima, il governo elaborò un altro criterio per escludere gli inoccupati dal novero di numeri in negativo.

Per non andare lontano, le statistiche italiane includono tra i *nuovi* posti di lavoro anche quelli generati da contratti limitati a qualche giorno. In questo modo, i governi in carica possono vantare meriti circa una *accresciuta* occupazione, che, in realtà, risulta solo fittizia.

Le statistiche, in effetti, conteggiano il numero dei disoccupati, i poveri ufficiali, sulla base degli iscritti temporanei al registro dei sussidi statali.

Quindi, per evitare che il numero dei disoccupati salga statisticamente a livelli allarmanti, si ricorre ad uno stratagemma, riducendo le categorie da includere tra i disoccupati-poveri. In questo modo, si fanno quadrare i conti pubblici.

D'altra parte, i conteggi ufficiali eliminano sistematicamente tutte le persone che, dopo estenuanti ricerche di lavoro, rinunciano ad iscriversi alle liste di collocamento e, non di rado, ad accettare lavori in nero. Tra i lavoratori *statistici* sono inclusi anche coloro che, come detto, ottengono un contratto di appena un giorno.

Ma, in tutta evidenza, non si può fare politica utilizzando e manovrando a piacimento i fattori fuorvianti delle statistiche.

Anche i cenni fin qui riportati rientrano nella prospettiva delle direttive a livello mondiale impartite dalle multinazionali e, quindi, recepite nei diversi trattati commerciali.

Uno di questi accordi è l'Accordo multilaterale sugli investimenti (Ami), sconosciuto ai più e sottoscritto all'inizio del millennio. Una clausola prevede, a favore delle multinazionali e degli investitori di capitali, il diritto di agire giurisdizionalmente contro i governi per essere risarciti di eventuali danni conseguenti a determinate scelte politiche nazionali. In sostanza, una norma che lede la sovranità di uno stato. I parlamenti nazionali sono legati da una clausola che li rende prigionieri delle scelte commerciali e finanziarie di gruppi, a loro volta, sganciati da ogni sistema democratico, entro un quadro di pratica deregolamentazione in atto in ogni parte del globo.

Con tale sistema si preservano diritti alle multinazionali e doveri agli stati nazionali, tra cui, per esempio, l'indennizzo a carico dei governi che, con i loro interventi, vengono riconosciuti colpevoli di ridurre i margini di profitto su un investimento programmato.

Come il profitto fine a se stesso funzioni lo dimostra il fatto che lo stesso profitto viene messo in capo anche ad ogni scelta nel campo della salute. In buona sostanza, risultano ovvie cose che ciascuno di noi osserva quotidianamente senza poterle efficacemente giudicare.

Tuttavia, ogni cittadino le assorbe come parte del panorama culturale e sociale fino a quando non arriva una denuncia forte e autorevole. Ma questa deve essere prodotta da una persona che, per il suo prestigio, non ha nulla da perdere soprattutto in termini economici.

L'arbitrio dei politici rende più arduo considerare il benessere generale come ricompensa o premio di meriti morali, quando le amministrazioni vengono gestite da persone che mirano (quasi) esclusivamente a vantaggi particolari. I semi di decadenza sociale crescono quando alle virtù morali viene preferito l'interesse personale, che agisce, per forza di cose, come una sorta di predestinazione sia per i favoriti, con vantaggi crescenti, sia per gli emarginati, con svantaggi altrettanto crescenti, senza provocare, quindi, mutamenti reali nella società.

Tale condizione perdura e peggiora nel tempo, pur conservando apparenze di legalità, peraltro costruita su regolamenti anche al limite dell'illiceità, nel momento in cui, nella realtà, gli stessi regolamenti sottendono la materiale impossibilità di opporsi da parte di coloro che sono destinatari di condizioni di vita opprimenti.

Senza voler fare il *laudator temporis acti,* si può ben dire che, oggi, manca una visione, per così dire, *medioevale* dell'uomo, sospeso tra cielo e terra, con Dio come riferimento ideale per la condotta dell'uomo pur tra tutte le debolezze della natura.

Nel Medioevo, secondo storici come Jacob Burckhardt, la grandezza era determinata dal rapporto diretto e mirato tra uno specifico spirito e una specifica volontà in riferimento alla costruzione di una comunità dove il male era male e il bene era bene. E questo avveniva al di là di ogni realizzazione pratica di un simile obiettivo e di tale convincimento, dato che l'uomo rimane sempre, oggi come allora, bacato nella sua naturalità.

Ai nostri giorni, si registra anche una notevole superiorità in campo intellettuale, ma la grandezza dei governanti non è assorbita né misurata, di per sé, dalla superiorità relativa all'istruzione, perché questa può essere efficacemente utilizzata anche per fini spregevoli.

14- PROGRESSO PER I SANI

Scriveva lo storico inglese Herbert Albert Fisher (1865-1940):

<<Nelle pagine di storia, il fatto del progresso è descritto in modo chiaro e preciso. Ma il progresso non è una legge naturale.

Tutto ciò che è stato acquisito da una generazione può essere di nuovo perduto da quella successiva.>>

L'affermazione dello studioso suona quanto mai opportuna, soprattutto quando si ritiene che il periodo a noi contemporaneo rappresenti il culmine del progresso e, quindi, non sia suscettibile di interventi **rivoluzionari**.

Ricollegandoci all'argomento-profitto applicato alla salute, accostiamo l'osservazione del citato Storico inglese alle parole di un certo Henry Gadsden, nome probabilmente ignoto alla maggior parte degli uomini, ma, comunque, capace di dettare legge e inquinare il vero progresso.

Questo signore, fino ad alcuni anni fa, era direttore della Merck, cioè di una delle più grandi multinazionali farmaceutiche del mondo. Alla vigilia del suo pensionamento, in una intervista al mensile americano **Fortune**, espresse il suo rammarico nel constatare che il **mercato** della Merck era circoscritto ai soli malati.

Ai comuni mortali era ed è ovvio che le cure mediche vengano destinate a chi ne ha fisicamente bisogno. Gadsden non era evidentemente di questo parere. Infatti, a suo tempo, dichiarava che il proprio sogno era estendere l'utilizzo dei farmaci ad un **mercato** più vasto, che comprendesse anche le persone sane, non bisognose, a rigore, di alcun presidio farmaceutico.

Oggi, l'obiettivo di Henry Gadsden è una realtà, contro cui non vale alcuna contrapposizione. Le persone sane sono costantemente prese di mira dalle operazioni pubblicitarie che riescono a imporre prodotti anche per le più svariate *malattie* o, meglio, pseudo malattie.

Come se ciò non bastasse, si creano le cosiddette parafarmacie, dove l'utente/acquirente può ricorrere senza l'obbligo di alcuna ricetta medica. Al riguardo, va sottolineato che lo scopo prioritario è aumentare il margine dei profitti sollecitando il mercato.

E stimolare il mercato, senza incorrere nei contrasti sociali, induce i plutocrati a creare la ...*malattia*, cioè, in altri termini, a generare la necessità di utilizzare un determinato farmaco.

Di notevole sostegno in questa direzione, per l'efficacia persuasiva, si rivelano i programmi di marketing, che, con messaggi abbondantemente ingannevoli e subdoli, riescono a inventare disturbi, di cui molte persone intravedono i sintomi nel proprio corpo. Basta, infatti, sollecitare l'attenzione anche su fastidi fisici passeggeri, per lo più altrimenti serenamente accettabili, e il gioco è fatto.

Per esempio, la stessa timidezza, prima racchiusa nell'ambito delle caratteristiche dell'individuo, è diventata un **disturbo di ansietà sociale.**

Quella che, prima, era tensione premestruale, ora, compare come **disturbo fosforico premestruale.**

La terminologia così modificata inserisce, almeno dal punto di vista dei pazienti, quelli che erano considerati disturbi temporanei nell'ambito delle patologie e, per questo, potenzialmente trattabili di cure mediche adeguate.

In questa prospettiva, ogni atteggiamento utilizzabile per fronteggiare i profitti viene inficiato sul nascere. Anzi, non ha nessuna ragione di essere proposto di fronte a patologie che devono essere sanate.

Ma il quadro non è completo quanto a campo di profitti da ricavare. Infatti, l'interesse dei produttori si rivolge anche alle patologie, per così dire, classiche.

Per rendere chiaro il discorso, si segnala che le malattie cardiovascolari vengono trattate frequentemente sotto il profilo del colesterolo, mentre la frattura degli arti, in un anziano, viene agevolmente collegata alla carente densità ossea: tutto ciò indurrà la persona a ricorrere a prodotti utili a contrastare il colesterolo e a prevenire l'osteoporosi. Sotto questo profilo, abbondano i vari integratori.

Non possiamo, comunque, soffermarci sul fenomeno della crescente *medicalizzazione,* contro cui serve un'adeguata risposta sia degli operatori sanitari sia dei cittadini, adeguatamente stimolati mediante un maggior senso critico davanti all'acquisto di prodotti, quanto meno privi di efficacia, se non, addirittura, dannosi per la salute. Non è fuori luogo rammentare quanto scrisse Ivan Illich al riguardo, accusando il sistema medico che

<<pretende di esercitare la sua autorità su persone non ancora malate (NEMESI MEDICA-Mondadori-1977).>>•

15- IL PENSIERO CONCENTRICO NEL MARKETING DELL'ASSERVIMENTO

Parlando di salute, siamo arrivati ad un tema rilevante per la sua influenza sugli orientamenti comportamentali delle persone, quale si rivela essere la pubblicità. Dal 1950 le spese per la pubblicità sono cresciute di oltre il 700 per cento. Periodicamente, le multinazionali preventivano miliardi di dollari per pubblicizzare i loro prodotti e per lanciarne dei nuovi. Le stesse ditte farmaceutiche destinano miliardi di dollari a sostegno dei propri prodotti, che non avrebbero dovuto essere propagandati come una qualsiasi merce. Insomma, un fiume straripante di danaro inonda il globo terrestre, senza che il cittadino, destinatario dei messaggi, sia dotato di mezzi adeguati per opporsi ragionevolmente alla colluvie di attacchi che lo bombardano.

Il problema si presenta su vasta scala, in quanto il settore non è cresciuto, per così dire, in autonomia rispetto al prodotto, ma ha finito per investire ogni attività umana, movimentandola e, in certo senso, alimentandola con un'ideologia basata, in una parola, su un unico modulo di scelta, di comportamento, di pensiero, anzi direi: di scelta uniforme, di comportamento univoco, di pensiero ad una dimensione, secondo il concetto di Herbert Marcuse.

Voglio dire:

oggi, la pubblicità non può e non deve costituirsi come mera diffusore di messaggi fasulli e fuorvianti, ma deve essere finalizzata alla mera conoscenza di un determinato prodotto utile a soddisfare un segmento di consumatori.

Ai suoi esordi, essa mirava a indirizzare l'acquirente verso la merce di cui lo stesso acquirente aveva bisogno. Oggi, le parti risultano invertite e/o, per così dire, incrociate, se non confuse, in una girandola di scopi, difficili da decodificare sul momento e non sempre immediatamente catalogabili nella loro effettiva valenza. Ormai, il dato di fatto, tanto assodato quanto allarmante, da cui partire per trovare una risposta/reazione rapida ed efficace, appare uno solo: in questo quadro, nessun sistema economico e nessuna cultura sembrano in grado di svincolarsi dal dominio capillare della pubblicità. Essa, attraverso meccanismi perfidamente elaborati, si insinua nella vita di ciascuno, indirizzando l'individuo verso scelte e comportamenti uniformi, nonché creando bisogni alimentati quasi esclusivamente per accrescere il circuito commerciale in vista di un crescente profitto a favore di singoli potentati. Infine, la pubblicità si autoreferenzia per via del sostegno finanziario che essa fornisce ai media in generale. Essa rende labili, se non, addirittura, inesistenti, i limiti tra quanto può essere accettato e ciò che deve essere rifiutato sia come contenuto sia, anche, come forma comunicativa.

Eppure, una risposta/reazione deve essere trovata di fronte all'invasione dei messaggi diffusori di comportamenti pericolosamente omogenei, forieri di una sorta di asservimento acritico. Su questa linea, un ruolo fondamentale può e deve essere svolto dalla scuola, nel momento in cui è chiamata a stimolare lo sviluppo del senso critico nei giovani, i quali, purtroppo, si dimostrano sempre più veicoli involontari e non retribuiti di molti prodotti.

Cambiare è il modo migliore per riscattarsi. È, anzi, il sistema efficace per sopravvivere trovando sbocchi oltre l'arroganza di un potere straripante che non permette campo libero ai diritti naturali delle persone.

Questa restrizione di libertà avviene, per giunta, in modo paradossale, cioè lasciando intravedere spiragli ingannevoli di libertà frammisti ad una variegata presenza di idee, di proposte, diciamo anche: commerciali, nel senso più estensivo del termine, presenti nel panorama mondiale della comunicazione.

Di fronte a questa situazione onnicomprensiva c'è un aspetto che sconcerta l'osservatore:

è la contrapposizione tra la pluralità di messaggi da valutare e la sostanziale qualità degli stessi, che, per lo più, è carente e si ferma alla superficie. In effetti, nonostante la colluvie di materiale comunicativo, si registra il dominio sostanziale di un pensiero *unico* che trovo appropriato definire *concentrico*.

Nonostante tanta apparente circolazione di idee, infatti, il pensiero rimane sostanzialmente quieto, piatto, perché così deve essere in ossequio ai piani traguardati al profitto di pochi. Evidentemente, il fenomeno è agevolato dal carente senso critico dei recettori dei messaggi sia per vantaggio immediato o *contiguo* sia per comodità intravista e, in qualche modo, ingannevolmente prospettata sia, anche, per l'incapacità di affrontare il cambiamento e, di conseguenza, per l'acquiescenza alimentata da senso di impotenza davanti allo stato oppressivo in cui ci si trova.

Lo stesso linguaggio pubblicitario ha finito per essere, nella maggior parte degli atti, l'unico sistema comunicativo di ogni giorno, limitando il campo di ragionamento ad asserzioni/giudizi privi di concetti condivisi e condivisibili.

16- IL PROFITTO PRIMA DI TUTTO, ANCHE PRIMA DELL'UOMO

Nota dominante della società contemporanea è la diffusione smisurata e velocizzata della rincorsa generalizzata al profitto, anche contro ogni rispetto per il proprio simile, reso strumento di esclusivo vantaggio. La stessa cornice giuridica viene studiata e confezionata per rendere legali, anche se profondamente illecite, tutte le modalità possibili che mirano a tenere in vita e in piedi il sistema nel suo insieme, persino adeguandolo progressivamente.

In queste operazioni, il legislatore, indotto ormai dalle organizzazioni lobbistiche, elabora un *corpus giuridico* che, prescindendo da ogni pur tenue riferimento o remora di natura etica, è traguardato a predisporre agevoli canali per il perseguimento di ogni margine di profitto, risolvibile essenzialmente in termini economici.

Il fenomeno è, purtroppo, esteso a tutto il mondo dove opera il commercio, inteso nel senso più ampio del termine.

Tutti ne constatano le conseguenze, ma coloro che lo possono fronteggiare sono gli stessi che beneficiano dello status quo e che, pertanto, non sono disposti a mutare le ramificazioni mondiali di questo sistema. Iloro intrinseco interesse esclude, per tacita norma, l'ampliamento della platea di persone che devono beneficiare di vantaggi, almeno nella misura in cui ne godono i plutocrati di vario genere.

Tutta la società risulta, ormai, intrappolata per via del consumismo, ancorché di prodotti effimeri, sia in senso di godimento delle opportunità offerte dal mercato, che impone bisogni **non necessari,** sia come miraggio che crea il culto utopico di prodotti ai quali, in realtà, la gran parte delle persone non possono e non potranno immediatamente e/o pienamente accedere.

Su questa realtà quotidiana domina quello che, prima, ho definito **pensiero concentrico, riassumibil**e nei termini seguenti:

i burattinai (la parola si può intendere in modo ampio) lanciano il sasso o i sassi (idea, prodotto,

comportamento ecc.) nel grande stagno del mondo, del villaggio globale, confondendo l'acqua già melmosa.

Nell'acqua si formano centri che da uno stesso punto si dipartono assumendo via via forma, consistenza e confini, secondo gli interessi di coloro che lanciano i vari sassi.

Per cambiare il meccanismo perverso di diffusione del *pensiero concentrico*, che è la matrice culturale originaria di effetti ingiusti e dannosi per la maggior parte dei cittadini, occorre intervenire operando un'inversione della direzione e della tendenza univoca che sottende lo stesso meccanismo.

In tale pensiero, una parte preponderante viene occupata da una generalizzata *sessuali esazione,* ben incorporata nel settore pubblicitario e, non di rado, nell'informazione. La società contemporanea si avvale, in misura prevalente, di ogni elemento che, in qualche modo, abbia attinenza con la sfera sessuale. Prova ne è, in primis, l'esercizio della prostituzione, dove il commercio del corpo avviene sempre tramite danaro.

E quanto più soldi si possono offrire tanto più la disponibilità in tale campo cresce, anche al di fuori della pura prostituzione. La pubblicità, come detto, straripa di immagini che sono abilmente costruite per catturare l'attenzione dello spettatore, anche quando il prodotto in vetrina è del tutto estraneo e, per essere rappresentato, non ha necessità di certe immagini con riferimento erotico. La mercantilizzazione ha, per così dire, sessualizzato ogni aspetto della vita personale e delle attività sociali, anche se l'obiettivo del benessere rimane limitato e, spesso, oscuro nei suoi sostanziali contenuti. Il linguaggio pubblicitario adotta vocaboli, scene e dialoghi storpiandone e alterando gli originari significati degli stessi vocaboli, delle stesse scene e degli stessi dialoghi.

Qualche riflessione ci porta anche lo storico romano Sallustio, che, nella sua opera **IN CATILINA, Libro X, I-4,** riteneva, con il vasto dominio esercitato da Roma sul popolo allora soggiogato, il desiderio di danaro essere stato l'esca di tutti i mali, con la conseguente accelerazione del crollo dell'Impero.

La storia è destinata a ripetersi sia pure con con circostanze aggiornate.

I danni che esplodono al momento giusto sono sempre provocati dalla radice velenosa che i singoli uomini e i singoli potenti non hanno estirpato dal loro intimo o, per lo meno, non hanno contenuto in limiti sostenibili o, anche, tentato di eliminarli attraverso l'impegno quotidiano curato da un costante esame di coscienza.

Persino le ricchezze e lo stesso potere conseguiti con buoni propositi possono far lievitare l'avidità e la sete sconfinata di dominio. Le ricchezze personali tendono, di per sé, a minare le strutture economiche e politiche.

Come risulta dalle osservazioni fin qui condotte, l'orientamento da imprimere al tema si configura sempre più e sempre meglio restringendolo a caratteri che orbitano nell'ambito morale. Si badi bene, tuttavia: si tratta di riferimenti morali considerati non nella formulazione di una disciplina astratta, bensì nella loro incarnazione attraverso decisioni operative positivamente incidenti sul *bene comune.*

Il bene comune è, spesso, una formula magica. Viene, peraltro, evocato dai movimenti politici come *captatio benevolentiae* al fine di creare aree di consenso elettorale su persone bisognose e, quindi, facilmente suscettibili a qualsiasi richiamo/promessa/interesse in loro favore. Non sempre, però, questo orientamento è, nel governo della *cosa pubblica* (la **res publica** romana), condiviso e praticato dai politici, i quali dimostrano di soprassedere al soddisfacimento di beni materiali e di beni immateriali richiesto dalla gente.

Quando si parla di beni materiali, il pensiero corre rapidamente ai bisogni elementari del vivere, come il vitto e l'abitazione. Ma, all'interno di una valida efficiente progettazione di governo, non deve mancare assolutamente l'attenzione pronta al bisogno di formazione, al quale si risponde creando strutture scolastiche che non siano semplicemente erogatrici di titoli, privi della corrispondente preparazione. Al riguardo, non è, infatti, fuori luogo registrare una carenza di cultura nei giovani che lasciano anche scuole superiori e, persino, l'universita', quando, sulla carta, risultano effettuati corsi di recupero e progetti di varia specie senza alcun profitto.

Anche in questo fenomeno va ricordato che la carenza di cultura, nonostante osannati progetti, grava, soprattutto, sulle persone provenienti da famiglie in difficoltà, che non possono, per ragioni economiche, sostenere studi validi accedendo a istituti privati.

I cicli storici si ripetono.

Così come l'antica Roma era divisa in **optimates** e in **populares,** anche oggi, le società sono divise in ricchi e poveri.

Tale separazione, osservava già Seneca, non dipende dal fatto che i ricchi sono buoni e, quindi, da un fattore morale di bontà. I beni sarebbero buoni se toccassero ai buoni. Ma, dato che non è così, la bontà, in termini morali, non si rivela determinante per la sorte di ricchi e poveri.

A questa mancanza deve sopperire l'intervento dell'uomo pubblico, impegnato in politica per sostenere il bene comune, che, come dicevo, include, prima di ogni altro obiettivo, il soddisfacimento del vivere in una casa dignitosa e con vitto adeguato.

Un esempio ci sovviene al riguardo.

Il re spartano Agide IV, nel 241 a. C. appena ventiduenne, richiamandosi alla filosofia stoica, propose, con il sostegno di suoi coetanei, qualche punto di programma davvero *rivoluzionario,* che consisteva nell'azzeramento dei debiti e nella suddivisione delle terre, allora principalmente in mano agli **aristoi,** cioè i migliori, che, in parole povere erano i ricchi. Il programma non poteva che avere il favore del popolo privo di risorse. Allora, stando agli studiosi, come Andrew Robert Burn sostiene nel suo libro **STORIA DELL'ANTICA GRECIA,** << vi sarebbero stati quindicimila lotti da assegnare agli abitanti dei dintorni nella Laconia e quattromila cinquecento vicino alla città...

Sollevando grande entusiasmo, Agide e la sua famiglia offrirono le loro terre e i loro beni.>>.

La storia ci narra il seguito dell'episodio. Infatti, la delibera non ebbe, com'era prevedibile, il favore dei nobili e fu bloccata per appena un voto contrario sui ventotto dei membri anziani del consiglio. Agide fu, poi, assassinato insieme alla madre e alla nonna. Tuttavia, il seme *rivoluzionario* gettato da Agide fiorì quattordici anni dopo addirittura, paradossalmente, per opera di Cleomene III, figlio dell'uomo già oppositore delle roforme, che, nel 227 a. C., mise in atto il programma azzerando i debiti dei poveri e distribuendo loro appezzamenti di terreno.

Ai nostri giorni, pare che non esistano esempi *rivoluzionari* del genere.

Come più unico che raro, però, per quel che ricordo, voglio citarne uno. Riguarda un uomo politico sardo, divenuto, poi, Presidente della Repubblica. Si chiamava Antonio Segni, il quale, in qualità di presidente della Regione Sardegna, approvò una legge di riforma agraria e, in tale contesto, mise a disposizione degli assegnatari anche terreni di proprietà della famiglia.

A quel che ricordo, non sono sopravvenuti esempi simili.

17- RISPETTO DELLA NATURA

E PROFITTO

Nella mercantilizzazione prima delineata rientra anche l'aspetto, per così dire, ecologico, che, sin dagli anni settanta, si è andato affrontando in considerazione dei danni connessi alla costante distruzione delle riserve naturali, alla deficienza o insufficienza dell'acqua per parte dell'umanità, all'inquinamento atmosferico e alla concentrazione di insediamenti umani attorno al perimetro dei nuclei industriali.

L'interesse verso questi temi non è mai mancato, almeno sul piano delle manifestazioni. Il 1970, per esempio, è stato proclamato **Anno europeo per la conservazione della natura, allo scopo di** diffondere l'attenzione delle persone verso l'ecologia, soprattutto in relazione allo sviluppo industriale generalmente verificatosi in quegli anni.

Non si può negare, al riguardo, che è stato il progresso tecnologico a provocare il livello elevato di inquinamento a carico della terra e, in misura prevalente, a danno dell'uomo, che di quel progresso è stato ed è sia propulsore sia, per così dire, beneficiario in termini occupativi.

Scriveva, allora (1970), il professor Giorgio Nebbia, dell'Università di Bari:

<<dal 1000 al 1700 hanno avuto inizio in Europa le attività minerarie e metallurgiche. Queste ultime hanno richiesto quantità di carbone, ottenuto a spese delle risorse forestali>>.

L'uomo primitivo, come ci insegna la preistoria, per soddisfare esigenze elementari, ha distrutto, ché di questo si tratta, con le proprie mani, un elemento della ricchezza naturale, il bosco: lo ha fatto per costruire le sue abitazioni, per forgiare armi difensive, per fabbricare rudimentali imbarcazioni, per procurarsi cibo. Egli aveva i suoi buoni motivi.

Ma la varia distribuzione geografica degli ancor limitati insediamenti dei primi uomini ha evitato che l'equilibrio tra abitanti e ricchezze naturali si deteriorasse fino a che assunse le preoccupanti dimensioni dei nostri giorni, poiché, effettivamente, l'aggressione dell'uomo al suo habitat, in modo particolare dopo l'ottimismo rinascimentale, è proseguito e continua tuttora. Eppure, le generazioni a cavallo tra i due conflitti mondiali hanno mostrato una certa sensibilità verso i problemi di inquinamento e, soprattutto, verso quelli che potremmo definire *postumi da inquinamento* e che ben si intersecano con la rivoluzione: al riguardo, non vanno dimenticati gli effetti delle bombe, sganciate sulla terra, che perdurano a lungo.

Ma la sensibilità rimane, per lo più, a livello emozionale, a dimostrare come la volontà distruggitrice continui ad operare, senza permettere o limitando una certa prospettiva di risposta in termini di ristabilimento dell'equilibrio turbato tra uomo e natura, anche nel contesto rivoluzionario di riferimento. Occorre inquadrare le indicazioni di risposta, esponendo la prospettiva entro cui le colloco.

L'uomo ha creato e promuove il processo tecnologico. Allo stesso tempo, non è in grado di arrestarlo neppure per un attimo. A parte l'incalcolabile danno in termini di sviluppo, uno stop improvviso coinvolgerebbe la quotidianità di migliaia di lavoratori e delle rispettive famiglie.

All'avanzata tecnico-industriale è legata la sorte di molte persone, che privilegiano la sussistenza immediata mediante un salario garantito anche di fronte agli effetti nocivi delle industrie.

L'uomo, come si è notato prima, ha dato l'assalto alla natura per soddisfare esigenze primordiali del vivere (cibo, casa, difesa). Questi bisogni vitali hanno via via mutato fisionomia con la diffusione dellle tecniche industriali richiedenti la presenza e il controllo da parte del lavoratore, il quale non si preoccupa più di tanto dell'ambiente di lavoro e dell'inquinamento globale.

Scrive ancora il già citato professor Nebbia:

<<I beni fabbricati dalla tecnica non scompaiono: noi, invece, non consumiamo le merci che usiamo; ma queste, dopo l'uso, si trasformano in rifiuti che devono essere smaltiti da qualche parte>>.

In realtà, anche le bottiglie di plastica o vengono conservate nel loro stato originario o vengono bruciate, senza essere completamente eliminate. L'osservazione ci induce a parlare della nostra società non come società di consumi ma come *società di rifiuti*. Molto cibo e molti prodotti non vengono neppure utilizzati andando ad accrescere la quantità dei rifiuti in circolo.

Non va trascurato il ruolo preponderante oggi rappresentato dalla pubblicità e, in genere, da tutti i mezzi di comunicazione che, da efficaci persuasori più o meno occulti, contribuiscono a configurare come bisogni necessari anche scelte assolutamente accessorie e inutili. Così, si è talmente sottilizzato sull'esigenza di soddisfare i vari bisogni, reali e/o artefatti, che gran parte di questi stessi bisogni sono motivati in omaggio ad un presunto prestigio familiare. Il ricco e il povero, naturalmente, alimentano queste ragioni che sottendono molti acquisti sostanzialmente superflui, ai quali, spesso, è difficile sottrarsi.

Di fronte a questo quadro, tuttavia, si possono prospettare alcune soluzioni indicative che rientrano in un duplice ordine di idee e che, anche in un contesto rivoluzionario, vanno affrontate. Sotto il profilo teorico, si può prediligere una revisione *filosofica* dell'entusiasmo e dell'ottimismo risalente, storicamente, all'epoca della

Rinascenza, quando venivano esaltati la creatività umana e la **potestas biblica** dell'individuo sulle cose del creato. Ma tale revisione e il correlativo ripensamento pedagogico, attuabile nelle diverse strutture sociali, devono rapportarsi con la mentalità spiccatamente edonistica predominante comunque avulsa da valori fatti erroneamente e acriticamente ricondurre ad una qualsivoglia matrice religiosa, quali la mortificazione volontaria e cosciente e lo spirito di sacrificio.

Invero, la stessa idea di sacrificio è bandita ormai da ogni educazione.

In questo ambito, non trova neppure accoglienza alcun principio utilitaristico sul genere della *sussistenza immediata,* che, di per sé, rivaluterebbe lo spirito di rinuncia di fronte a necessità fasulle.

18- QUALE PROGRESSO ?

D'altra parte, bisogna rendersi conto che il problema non va esaminato in termini di puro economicismo mirante al profitto.

Ogni soluzione va prospettata in riferimento all'uomo, evidenziando il punto comune convergente tra Cristianesimo e Marxismo, esulando da contingenti realizzazioni pratiche incoerenti e, spesso, contrastanti rispetto ai dettami sia del Cristianesimo sia del Marxismo.

Il tutto si può efficacemente racchiudere nelle seguenti parole di Marx:

<<**Dobbiamo cominciare dal constatare il primo presupposto di ogni esistenza umana e, quindi, di ogni storia: il presupposto, cioè, che, per poter fare storia, gli uomini devono essere in grado di vivere**>>.

Ma non va dimenticato il monito, già citato in questo libro, dello storico inglese Herbert Albert Fisher che, nel testo **STORIA D'EUROPA- vol. 1,** scrive:

<<**≤Il progresso non è legge di natura. Il terreno conquistato da una generazione può essere perduto dalla generazione seguente. Il**

pensiero umano può fluire lungo strade errate, conducenti alla rovina e alla barbarie>>.

È una riflessione che va evidenziata davanti ad ogni evento che coinvolge l'attività umana, in ogni tempo e che configura un rischio perenne anche quando si è nel mezzo di circostanze che, a buon diritto o meno, vengono giudicate **storiche o epocali,** illudendo e, poi, deludendo le persone.

Un aspetto inquietante del progresso tecnologico è che lo stesso crescente sviluppo, talvolta, sembra presentarsi come ostacolo alla stessa sopravvivenza dell'uomo legata, almeno fin quando questi è in vita, alle risorse dell'habitat terrestre, marino e atmosferico, ormai, a detta degli studiosi, in fase di deterioramento.

In realtà, eccettuati i decessi per cause naturali o per incidenti o per terremoti, è l'uomo stesso a creare le condizioni favorevoli a distruggere, anziché a conservare.

A fronteggiare il fenomeno, periodicamente, si elaborano proposte che, ancorché condivisibili, restano preferibilmente lettera morta e contribuiscono a fomentare panico e paure per un futuro ordinato e sereno del genere umano, che assicuri, prioritariamente, uguali opportunità di diritti e di benessere a tutti gli abitanti della terra.

A parte il fatto che, nel processo storico, si rileva, spesso, un *quid* risolutivo e determinante che sfugge al bisturi del critico, restano le radici fondamentalmente bacate dell'anima umana dove domina sovranamente l'egoismo di tendenza.

L'egoismo è la causa originaria che difficilmente ciascuno uomo è capace di sradicare in modo definitivo e totale.

Comunque, la parola **egoismo ha,** per molti, un elemento di ambiguità, perché viene apparentata ad una visione più cristiana che laica dell'esistenza.

Ma, al di là di questo aspetto, disambiguandolo, il termine denota una realtà obiettivamente riconoscibile, che neppure il più irreligioso degli uomini può nascondere e negare.

L'egoismo è il carattere saliente che l'uomo possiede. Esso può essere limitato, anche se non definitivamente rimosso.

Per il campo che, qui, stiamo sviluppando, va detto che esso deve essere compresso anche nel momento in cui operiamo come consumatori e, quindi, beneficiari di prodotti presenti nel commercio.

Il consumatore, anche con ristretti mezzi finanziari, associa l'idea di prestigio al possesso di determinata merce o di determinati oggetti non direttamente necessari.

Oggi, l'uomo sente, per un istinto indotto, il bisogno di soddisfare la parte superflua che il mercato offre e che, tendenzialmente, risulta e risulterà in crescita se non interverranno eventi ostacolativi imprescindibili, a livelli familiari, sociali o sovranazionali, eventi che forzatamente costringeranno l'acquirente a dover operare un netto discrimine tra urgente, superfluo e necessario.

Certo, è auspicabile che la rinuncia a molte scelte voluttuarie non venisse imposta da circostanze esterne e che la moderazione avvenisse in modo consapevole e volontario. Eppure, un intervento educativo in tale direzione appare quanto mai inderogabile soprattutto se rivolto alle generazioni giovani, aduse ad avere quasi tutto.

Entro questa prospettiva, il problema è più ampio di quanto appare a prima vista, soprattutto se collegato ad una domanda che ritengo ad esso coerente.

 La domanda è:

si deve educare per questa terra o in vista dell'Al di là?

Le risposte sono varie.

Tuttavia, per non esulare dall'argomento sopra introdotto, la moderazione e il sacrificio sono ritenute virtù nella visione di una vita ispirata agli insegnamenti cristiani, anche se, non di rado, anche il Vangelo viene presentato in forma ridotta o addolcita. Ma questo è un'altra questione.

19- OCCUPAZIONE E PROGRESSO

L'economista Keynes ha sempre sostenuto la piena occupazione come scopo principale dell'attività produttiva e distributiva, nonché di ogni politica di sviluppo.

Arrestata la produzione, diminuisce e, poi, si ferma anche l'assunzione di manodopera, dando luogo ad una platea progressiva di disoccupati accanto a quelli che non hanno mai trovato lavoro.

Quando si accentuerà la sproporzione tra la popolazione economicamente attiva e quella inattiva, il risultato, in termini sociali, sarà ponderabile: reddito da fame, commercio ridotto, emigrazione come via di scampo, anche se, ai nostri giorni, si sta presentando come problema dalle varie sfaccettature, che i governanti tardano a riconoscere e a compensare con misure tempestive e adeguate.

Il fenomeno evidenzierà ancor più plasticamente la presenza di circostanze, favorite dall'egoismo prima accennato, che contribuiscono e contribuiranno a convergere attenzione e sforzi dell'individuo al modo di procurarsi danaro, trascurando l'aspetto lecito di ogni azione.

C'è un principio che si cita volentieri in ogni occasione e a iosa. È quello che recita:

A ciascuno il suo.

A prima vista, nessuna obiezione può essere addotta in contrario. Secondo tale affermazione, ad ogni uomo deve essere riconosciuto il diritto di possedere e di difendere ciò che è suo. Suo, ovviamente, nel significato più ampio e, allo stesso tempo, più generico.

Citando Platone, Tommaso Moro scrive:

<<Egli (Platone) capiva chiaramente che l'equa distribuzione dei beni è la condizione *sine qua non* perché un paese sia ben governato...

Il fondamento essenziale di una società è nell'equa spartizione dei beni>> (UTOPIA, I Libro).

Ed è, però, precisamente l'elemento generico che attribuisce al principio i più diversi sensi, a seconda dell'interprete o del chiosatore di turno.

In concreto, la caratteristica che l'uomo tende ad evidenziare in proposito è ristretta all'ambito economico individuale.

Ciò significa che **a ciascuno** va riconosciuto il **suo,** cioè quello che si possiede per eredità e per guadagno da lavoro. In questa prospettiva non c'è spazio per chi non possiede né per chi é escluso dall'opportunità di lavoro, praticamente appartenendo alla categoria, o classe che dir si voglia, di chi è letteralmente privo di qualcosa, specie in senso materiale, e, cioè, di colui che di **suo** possiede il niente.

E questo niente deve conservare. Insomma, in questo caso, la dichiarazione **a ciascuno il suo** va completata comodamente con **a certuni il niente.**

La visione in cui viene citato il principio è prettamente **economicistica** e, in questo modo, è da rifiutare, perché rientra nel gioco di coloro che detengono i privilegi di censo e di ruolo sociale e/o politico.

A fianco di questo principio, si ricorre, spesso, alla proclamazione degli obiettivi indicati nella Rivoluzione francese: libertà, fraternità e uguaglianza.

Mi soffermo brevemente con qualche considerazione, mirando a tenere lo sguardo sul concreto.

Anche i promotori di questa Rivoluzione tendevano a obiettivi condivisibili.

Figuriamoci se il popolo, sopraffatto dalle angherie di nobili e alto clero, non concordasse con quelle idee che, se attuate, lo avrebbero sollevato dalla sorte misera alla quale era condannato da sempre.

Eppure, sappiamo che i benefici concreti per quei poveri sono stati, quanto meno, assai scarsi, per non dire invisibili. Il risultato tangibile fu, per così dire, di ordine teorico, in quanto i principi sono stati utilizzati in epoca successiva per dare vita a movimenti politici, dove, tuttavia, nella maggior parte delle esperienze, sono emerse e, ahimè, continuano a emergere persone che valutano, prima di tutto, quanti benefici possono e potranno recare le loro decisioni in ordine al **suo** posseduto.

A monte di tutto questo, va individuato l'elemento della natura umana che è l'egoismo.

Tale fattore va considerato in ogni azione pubblica e privata, per meglio circoscriverlo ed efficacemente limitarne le conseguenze, soprattutto a danno di coloro che non dispongono di alcun mezzo per proteggersi, anche quando hanno manifestato fiducia in quel sistema tanto esaltato che è la **democrazia.**

Va sempre evidenziato che la stessa democrazia, non di rado, adotta, per via delle persone investite di potere, direttive contrarie agli interessi dei cittadini.

L'interesse dei cittadini è un aspetto che la società **economicistica** ben volentieri trascura.

Una società siffatta, vieppiu', tende a conculcare ogni possibilità di affermazione sociale del popolo fuori da ogni difesa in ambito culturale e finanziario.

In questo modo, viene soppressa precisamente la possibilità (uguale: diritto) di lanciare **sassi critici** nelle acque stagnanti del **pensiero concentrico** che tutto uniforma ai dettami del sistema: lavoro, povertà, ricchezza e, persino, tempo libero, che, poi, a ben vedere, non ha alcuna connotazione di **tempo liberato** dalle preoccupazioni e dallo sfruttamento, in qualsiasi condizione si viva.

Occorre agire in questa direzione, partendo da due grandi motrici di pensiero che individuo, da un lato, nel Cristianesimo, dove l'intenzionalità delle azioni è primigenia rispetto all'operare, e, dall'altro, nel Marxismo, dove il *fare*, almeno come tendenza iniziale, occupa parte preponderante di richiamo.

Occorre rifarsi a questi orientamenti di vita, indipendentemente dalle applicazioni e dalle manipolazioni, a volte storicamente determinate in modo difforme dalle concezioni originarie.

20- PROMESSE AGLI ELETTORI

Torna utile leggere la lettera n. 118 scritta da Seneca, che descrive la *campagna elettorale* di quel tempo in questi termini:

<<**Nel periodo elettorale, i candidati si affannano nei loro templi. Uno promette danaro, un altro sguinzaglia i suoi galoppini. Un altro ancora consuma di baci le mani di coloro da cui, una volta eletto, non si lascerà neppure toccare**>>.

In tale presentazione c'è poco da cambiare se confrontata con le carrellate pre-elettorali dei nostri giorni, che, anzi, si presentano meglio elaborate anche per il prezioso ausilio della persuasione più o meno occulta, utilizzata attraverso gli strumenti di comunicazione. Ormai, senza promesse non si fa propaganda elettorale e si sollecita il consenso popolare. A favorire questo meccanismo è la memoria corta del cittadino che, una volta mandato in parlamento il candidato, espone una rassegnata sfiducia estesa a tutto il mondo politico.

Tali fattori cooperano, in perfetta efficiente simbiosi, al successo elettorale, a volte persino incentivando e sfruttando un deleterio *culto della personalità* nei confronti di alcuni leaders che si dimostrano valentii trascinatori di masse, per lo più inerti e inconsciamente consenzienti.

Entro tali limitazioni tangibili il governo di *popolo* (democrazia) si palesa, spesso, una mera ingannevole formula, uno specchio per le allodole, dove si arrampicano discorsi privi di sbocchi reali rivolti al conseguimento del benessere sociale e del cosiddetto bene comune in genere.

In tutto questo clima gioca un fattore favorevole sia il tempo, che permette di procrastinare l'attuazione delle promesse avanzate dai candidati, sia la diffusa memoria corta degli elettori, che, nelle successive chiamate al voto con intervalli di tre/quattro/cinque anni, assorbono l'esposizione di programmi ampiamente riciclati, dimenticando le promesse precedenti.

A fare buon gioco, inoltre, esiste una massa eterogenea di cittadini che, per un erroneo convincimento di reazione e di dissenso, evitano di andare alle urne, favorendo, in tal modo, esiti contrari allo scopo per cui non sono andati a votare.

Rinunciando ad esprimere una scelta politica, questi cittadini si estraniano dalla vita comunitaria, affidando deliberatamente l'esercizio del potere a uomini decisi ad operare e a legiferare a proprio piacimento, per di più sostenuti concretamente e paradossalmente dall'insufficienza di consenso, insufficienza che dovrebbe essere ritenuta carenza di democrazia.

Anche qui, la storia si ripete.

Diamo un rapido sguardo all'organizzazione della società greca, nei secoli X e IX a.C., quando i metodi di tipo feudale unificavano le famiglie aristocratiche, anche al di fuori delle singole polis, o città-stato che dir si voglia.

A ravvivare il favore verso le polis si aggiunsero anche appartenenti all'aristocrazia, tra cui si possono annoverare anche personalità che la storia definisce tiranni, come i Cipselidi a Corinto e i Pisistrato ad Atene, che, invero, a volte, hanno prodotto qualche miglioramento nelle condizioni economiche del popolo.

Atene, al riguardo, ci offre un paradigma per capire la realtà di allora, che, venendo all'oggi, viene replicata con i dovuti adattamenti.

Ad Atene, accanto agli esponenti di rilievo, perché nati da stirpe nobile, cominciavano ad emergere personalità, che, pur appartenenti a famiglie oscure quanto a censo e a nobiltà di nascita, riuscirono a trovare il favore tra le classi meno abbienti.

Quando l'economia cominciò a vacillare, anche gli aristocratici non tardarono a schierarsi dalla parte del popolo, con impegni riformatori.

In ogni caso, ciò che spingeva questi nobili a sostenere il popolo era la conservazione dei privilegi garantiti a vita dall'appartenenza all'aristocrazia.

In questo contesto, ad Atene, il potere venne conteso tra le famiglie dei Pisistratidi, i Filaidi e gli Alcmeonidi.

Una nota dominante del potere, citata prima, va tenuta sempre in rilievo. Ed è questa:

la maggior parte di coloro che si collocano in posizioni di comando, può contare sulla memoria corta dei cittadini, nel senso che i politici avanzano promesse di lungo periodo e talmente complesse che, dopo anni di governo, ancorché inattuate, cadono nel dimenticatoio, ovviamente a danno dei cittadini.

Un altro rilievo va dato al coinvolgimento delle classi che rientrano nel mondo della cultura, in senso ampio e che, di tanto in tanto, dimostrano appoggio al potere dominante, che, anziché creare una sostanziale libertà e garanzie per tutti, favoriscono un uniforme grado di tolleranza, senza nuocere, a livello teorico, a nessuno. Così, assistiamo ad una democrazia, per così dire, colonizzata da chi può disporre delle leve di comando politico, intrecciato al comando economico.

Non esiste più l'aristocrazia in termini di nobiltà per nascita; ma si è imposta ed esiste attivamente una nobiltà per censo anche acquisito, nel momento in cui le finanze dettano legge nelle stanze governative. Basta pensare alle astruserie contenute nelle leggi di bilancio e nelle varie riforme per capire qual è la direzione impressa a certe riforme, che vengono elaborate o per lasciare le cose come stanno o per aggravare il peso economico alla gente e, allo stesso tempo, per irrorare ulteriori vantaggi a coloro che ne dispongono.

21- CRISTIANESIMO E MARXISMO

In una società, dominata dal culto del consumismo effimero, appare opportuno e proficuo, nella prospettiva del cambiamento, fermare l'attenzione su idee, per così dire, motrici, in grado di fornire un contenuto operativo alla forma ormai neutra di democrazia.

Ci riferiamo al Cristianesimo e al Marxismo, che, obiettivamente, hanno perso gran parte dell'influenza soprattutto sotto il profilo pratico individuale e comunitario.

Se n'è fatto cenno in un paragrafo precedente. Riprendiamo l'argomento.

Oggi, l'omologazione ideologica e, vieppiu', comportamentale accomuna le persone che, così, globalmente considerate, costituiscono la società a voce unica, a suo tempo (1970) profeticamente descritta da Herbert Marcuse nel libro **L'UOMO A UNA DIMENSIONE.**

Talvolta, il fondamento ideologico, invocato di fronte a determinati comportamenti e a determinate scelte politiche, si palesa, in realtà, come incoerente e falsante esercizio retorico o come mero espediente per trarre in inganno le fasce incolpevolmente ignoranti di popolazione.

Al riguardo, occorre, in primo luogo rivalutare Marxismo e Cristianesimo nelle loro fonti originarie.

Perciò, è vantaggioso *depurare* l'uno e l'altro dalle manifestazioni storiche e dagli inquinamenti interpretativi sedimentati nel tempo, magari anche dietro la spinta di interessi contingenti.

Il nucleo di valore per Cristianesimo e per Marxismo, a mio avviso, va identificato, rispettivamente, nell'**interiorita'** e nell'**impegno rivoluzionario.**

L'**interiorita'** è la categoria fondante secondo la quale il valore dato e/o da dare all'azione dipende dall'intenzione **coscienziale** che precede ogni atteggiamento e ogni azione dell'individuo.

Nel concreto, un tozzo di pane donato ha, secondo il richiamo evangelico, una valenza intrinseca superiore e indipendente rispetto alla quantità dell'offerta:

il dono, in questa ottica, è frutto di carità, mentre la quantità può essere determinata dalla ricchezza del donatore o, anche, da motivazioni subdole, come l'attesa di un beneficio di ritorno.

L'atto compiuto ha, in sostanza, un valore **soggettivo**, qualificato dall'atteggiamento **interiore,** indipendentemente dalla misura **oggettiva** del dono, ragguardato in sé alla quantità e alla stessa necessità del beneficiario .

Tuttavia, qualità e quantità sono concetti che vanno collocati e considerati su un piano di analisi distinto, senza essere, per ciò stesso, pregiudizialmente visti come antitetici ed opposti.

Peraltro, secondo Marx, la categoria fondamentale è l'**essere rivoluzionario.**

Il concetto non esclude il ricorso ad atti facilmente ricadenti in violenze di natura fisica in vista, per collegare il discorso al Cristianesimo, di un adeguamento della quantità di doni che ogni individuo ha diritto di possedere per poter esistere o, come dice Marx, per **fare storia.**

Per la verità, anche Cristo parla di violenza, ma precisamente nella prospettiva di una rinascita riferita eminentemente all'interiorità sopra richiamata.

Poniamo, ora, in rapporto reciproco i due termini (interiorità e violenza) che, nel contesto in cui prima sono stati inquadrati, presentano elementi contrapposti.

Come prima osservazione, va detto che la rivoluzione, in senso lato, non deve essere configurata come fine a se stessa o alla conquista di interessi particolari, sia individuali sia di classe.

Altrimenti, sarebbe una contraddizione in termini.

Infatti, nel momento stesso in cui si mira al cambiamento in modo violento, si ripetono le stesse angherie ed oppressioni che rappresentavano le condizioni negative da estirpare.

Essa deve essere rivolta a operare il cambiamento del sistema socio-politico ingiusto, fattualmente inidoneo a distribuire giustizia.

Esso è, per contro, capace soltanto di perpetuare condizioni di emarginazione e di alienazione a tutti i livelli, supportandosi, con varie motivazioni, che diventano sovrastrutture ideologiche del sistema stesso.

In questa prospettiva, anche l'esperienza religiosa viene inclusa, secondo i marxisti, nel complesso delle sovrastrutture ideologiche utili come veicolo di consenso **coscienziale.**

Ma da questo rischio non è indenne lo stesso Marxismo, quando diviene anche esso *sovrastruttura*, al pari di altre che vuole condannare.

Di certo, anche senza condividere a priori questa impostazione, va obiettivamente riconosciuto che, non di rado, la religione, cristiana e non, è stata e viene utilizzata per perpetuare stati di ingiustizia che non sono ispirati dal messaggio evangelico, profondamente attento ai bisogni del povero, dello sconfitto, dell'emarginato di fronte ad una società subdolamente schierata col potente di turno..

Chiediamo, a questo punto:

in quale rapporto si trovano rivoluzione e interiorità?

Marx sostiene che occorre mutare il corso della storia e il mondo, al di là di ogni possibile opinione e interpretazione.

Anche il Cristianesimo propone il cambiamento, ma va più in profondità nel momento in cui prospetta un cambiamento radicale nell'uomo, cambiamento che, nel dialogo con Nicodemo (Vangelo di Giovanni 3: 3), viene esplicitato come **rinascita, cioè abbandono totale e radicale** del passato vissuto nel l'egoismo.

 Cambiamento individuale che, successivamente, si riverbera in positivo sulle strutture sociali nel loro insieme.

Entro questa visione, l'interiorità evangelicamente **rinata** si deve, per così dire, visibilizzare nella capacità di incidere sul sociale e sul politico.

La domanda, che sintetizza il problema e che può apparire di natura squisitamente teorica, è, allora, la seguente:

la rivoluzione, non necessariamente cruenta, è lecita?

Il quesito pone l'accento sul rapporto tra rivoluzione marxista e interiorità cristiana, circoscrivendo il significato rispettivamente attribuibile ai termini.

Invero, liceità e legalità sono due concetti che acquisiscono una connotazione particolare sotto la prospettiva personale, prima, e sotto la visuale comunitaria, dopo.

Ogni azione, ancorché singolarmente imperfetta e, quindi, perfettibile, ha la propria matrice propulsiva, più o meno cosciente, e la sua motivazione e giustificazione nell'interiorità, in quel punto che chiamo di **riferimento coscienziale.**

In realtà, non ogni sostenitore della rivoluzione è tale per amore di giustizia, né ogni proclamatore del

Vangelo si rivela essere autentico cristiano. Non dimenticherò mai esperienze concrete in tal senso, dato che, non di rado, esistono individui che, professandosi marxisti e credenti, lottano per utilizzare spazi pubblici di privilegi. In questi casi, emerge la categoria operante dell'egoismo, abilmente velata sotto mentite spoglie. D'altro canto, la moralità, astrattamente considerata, appare priva di contenuti. I contenuti sono elementi forniti dalle visioni intenzionali dell'individuo e manifestati nelle successive azioni, ancorché non perfettamente coincidenti con l'intenzione che le ha concepite.

22- MORALE E RIVOLUZIONE

Sotto questo aspetto, la rivoluzione diviene possibile contenuto della forma astrattamente neutra della moralità.

Questo specifico contenuto assume, quindi, a livello coscienziale, valore a seconda del significato interiore da cui promana.

Al riguardo, ci soccorre il pensiero di Tommaso d'Aquino.

Secondo l'Aquinate, è lecita, cioè iscrivibile come atto positivamente accettabile, persino la guerra, equivalente a rivoluzione, attivata per scardinare un governo usurpatore e, anche, un governo che, ancorché legittimamente eletto, abusa del potere.

In entrambe le evenienze, il ricorso agli interventi rivoluzionari appare motivato dalla volontà di difesa nei confronti di un aggressore, per opporsi ad una condizione di ingiustizia che, evidentemente, contrasta con la profonda interiorità, a sua volta contraria all'egoismo umano fenomenizzato nel sistema di potere oppressivo.

S. Tommaso, anzi, va oltre, nel momento in cui, se pur privilegiando l'aspetto giuridico formale, sostiene che l'usurpatore, cioè colui che ha raggiunto il potere con l'inganno, va sempre deposto e condannato, anche quando si dimostra un buon governante.

Insomma, sul buon operare per i cittadini, secondo la concezione tomistica, prevale, in questo caso, lo status di illegalità originaria.

Le osservazioni fin qui esposte riportano un problema esplicitabile nella seguente domanda:

in base a quale criterio va giudicato legittimo e/o lecito l'esercizio del potere ?

La riflessione al riguardo rimane aperta e va, comunque, affrontata superando le inerzie di pensiero alimentate, soprattutto, dall'omologazione culturale in preoccupante crescita.

Non va dimenticato, d'altra parte, che lo stesso Marxismo si poté diffondere anche perché la cristianità, elemento differente dal Cristianesimo, si e' presentata, spesso, a fianco del più forte, a parte lodevoli eccezioni. Un'eccezione da ricordare: il domenicano Lacordaire, nel 1848, anno del Manifesto comunista, dal pulpito di Notre Dame, a Parigi, sosteneva che

<<nessuno ha il diritto ai frutti della sua proprietà se non in proporzione alle sue legittime necessità.>>

Anche Eugène Jarry, storico francese, rileva che a molti pensatori contemporanei di Marx mancarono

<< la scienza tecnica e quel genio che permisero allo stesso Marx e a Proudhon di varare la sintesi socialista.>>

La riflessione fin qui esposta va completata con alcune osservazioni sulla democrazia, che sono strettamente legate ai sistemi di governo o di potere che dir si debba.

Democrazia è un termine che tutti i sistemi di governo utilizzano, almeno davanti all'opinione pubblica. D'altra parte, il popolo si rende conto che il vero potere appartiene a tutti fuorché al popolo. Non è, quindi, fuori luogo e fuori tempo proporre qualche considerazione sulla **democrazia.**

23- DEMOCRAZIA-TECNOCRAZIA, TRIONFO DEL NUMERO E/O DELLA QUALITÀ ?

A scanso di equivoci, va premesso che la democrazia reale come **governo di popolo** risulta un concetto eminentemente teorico e una pura astrazione, recepibile, peraltro, come generico ma attraente obiettivo politico, da cui, oggi, nessun movimento si esime dal richiamare ad ogni occasione.

Anzi, non se ne parla proprio, assumendo il significato di **governo del popolo** come dato di fatto acquisito.

Sia pure con uno sguardo fugace alla comunità politica contemporanea, tentero' di enucleare alcuni aspetti che possono essere assunti come punti di riferimento per la sperimentazione di un sistema mirato a rispondere ai bisogni della gente, cioè dell'oggetto-soggetto della democrazia.

Gli stessi studiosi stentano a fornire una definizione univoca e ben delineata del termine. Infatti, univocamente, non possono essere condivisi stessi elementi presi dalla democrazia di Atene, da quella dei comuni del Medioevo, da quella dei cantoni svizzeri, dagli stati industrializzati dell'Europa occidentale e, infine, dai vari paesi dell'Europa orientale via via sbriciolantesi.

Secondo Rousseau, la democrazia trova fondamento nella <<volontà **generale>>,** che, tuttavia, può essere rispettata soltanto con la partecipazione del singolo cittadino, libero da ogni legame di partito, a tutte le scelte del potere legislativo.

Ideale che, a ben vedere, non è praticato e, forse, non è neppure praticabile avendo dell'utopico, almeno nel momento in cui la partecipazione fosse il più possibile estesa.

In realtà, rappresentanza parlamentare e appartenenza dei cittadini a differenti partiti sono due fattori che caratterizzano le moderne entità statuali.

Secondo il sociologo Sergio Hessen i due fattori sono accettati e recepiti come inerenti il normale funzionamento delle istituzioni .

Va, comunque, rilevata la sussistenza di un equivoco concreto che condiziona l'analisi dei sistemi di governo e che è stato efficacemente descritto da Herbert Marcuse in **L'UOMO A UNA DIMENSIONE:**

<<Libere sono le istituzioni che operano (e sono adoperate) nei paesi del mondo liberi; ogni altra forma trascendente di libertà equivale, per definizione, all'anarchia o al comunismo o è propaganda..

In Oriente, la libertà è il modo di vita istituito dal regime comunista e ogni

altra forma di libertà è detta capitalistica o revisionista o appartiene al settarismo di sinistra

In ambedue i campi, le idee operative non sono riconosciute come forme e comportamento. Sono semplicemente sovversive >>.

In buona sostanza, lo stesso concetto di democrazia ha subito e subisce i condizionamenti propri del tempo e quelli legati agli interessi economici immediati di coloro che detenevano (e detengono) le leve del comando, anche se previa formale delega da parte dei cittadini.

Sotto questo profilo, acquista un ruolo preminente l'esercizio di un diritto basilare per l'individuo qual è il voto libero, indipendentemente dalle scelte di parte che il medesimo individuo ritiene di operare in seno alla comunità.

Mi riferisco al diritto alla libertà sostanziale che deve essere riconosciuto e in concreto attuato.

Secondo Montesquieu, la vera libertà

<<non è la facoltà di fare ciò che piace,>>

ma, piuttosto

<<la facoltà di fare ciò che la legge permette.>>.

Questa è una concezione squisitamente liberale in senso ideale, perché lo stesso Montesquieu precisa che una simile libertà può sussistere

<<solo sotto un governo moderato dove non si conoscano gli abusi di potere .>>.

Le citazioni in grassetto provengono dall'opera **LO SPIRITO DELLE LEGGI**, Libro XI, e ricalcano la concezione di governo elaborata da Aristotele.

Questi, nella sua **POLITICA,** opponeva la cattiva libertà (fare ciò che piace), peraltro dallo Stagirita attribuita alla democrazia, alla buona libertà di una autentica **politeia,** dove la legge è o, meglio, deve essere parimenti vincolante sia per i governanti sia per gli amministrati. La realtà quotidiana, spesso, corre in direzione contraria, motivando, paradossalmente, anche interventi contro i cittadini con argomentazioni circonvolute e ingannevoli. E il cittadino non può fare altro che chinare il capo!

Secondo Tommaso d'Aquino, la democrazia è semplicemente una forma di governo o un criterio di governabilità, al pari del sistema monarchico o tecnocratico o altrimenti configurabile o configurato da valutazioni contingenti, prima di pervenire ad istituzione concretamente attuata.

La democrazia, pertanto, come qualsiasi sistema di governabilità astrattamente considerato, ha un valore, per così dire, neutro, che, invero, è l'aspetto facilmente sottaciuto, quanto a qualità, quanto a rispetto dei valori fondamentali per la persona, come la libertà sostanziale di coscienza, di parola, di stampa, di lavoro, diritto all'istruzione.

Questo percorso può ottenere favore soltanto quando la forma di governo viene elaborata ed attuata in quanto sistema in costante apertura verso nuovi valori, verso nuovi contenuti specifici via via innestati e innestabili sul suo originario valore neutro, provenienti dall'evolversi delle esigenze individuali.

Entro questo quadro, va calcolato un rischio.

Esso consiste nell'idealizzare, cioè nel mitizzare, un paradigma di democrazia in connessione coerente con le proprie individuali esigenze, a scapito di una concezione che deve privilegiare l'interesse di tutti, obiettivamente arduo da delineare in un progetto politico definitivo.

Si può, così, finire col sostenere una democrazia utopica, nel senso di una struttura sociale impossibile da realizzare nel breve termine.

Occorre sempre tener presente che nessun regime, per quanto perfetto nella sua formulazione di principi, può conseguire una compiutezza pratica totale, in quanto, per varie ragioni, fondamentalmente riconducibili all'egoismo del soggetto politico, cioè l'uomo governante e l'uomo governato, esistono condizioni ostative o, per lo meno, limitanti, tra cui l'ingiustizia diffusa ad ogni livello.

Opportuno, al riguardo, si dimostra, al di là di ogni visione religiosa, il richiamo biblico.

 Nel Salmo 85, verso 10 si legge:

<<la giustizia e la pace si sono baciate.>>.

E, in Proverbi 14: 34, è scritto:

<<la giustizia innalza una nazione>>.

Ciò significa che pace e giustizia devono convivere in un sistema di governo che si definisce di interesse popolare.

Un'analisi sufficientemente ampia sulla democrazia è stata operata da Jacques Maritain in **UMANESIMO INTEGRALE,** dove la struttura di governo viene proposta al soggetto governato, nell'ottica di un **ideale**

storico concreto, di cui l'autore traccia alcune caratteristiche oggi irrinunciabili.

Tra queste viene evidenziata la struttura pluralistica della società nella politica, nell'economia, nella cultura, nella formazione, nell'informazione, privilegiando, in ogni caso, il rispetto della tolleranza civile, nella salutare distinzione dello spirituale e del temporale.

Senza pregiudizi verso alcuna configurazione di governabilità, si possono esporre delle riflessioni, in sintonia con le premesse prima delineate.

La prima è una constatazione e concerne il modo in cui si presenta la democrazia.

Questa è, essenzialmente, un contenitore passivo, neutro, che va ulteriormente attivato e plasmato puntando al

<<primato vitale della qualità sulla quantità, del lavoro sul danaro, dell'umano sul tecnico, del servizio comune delle persone sulla cupidigia individuale di arricchimento indefinito o sulla cupidigia statale di potenza illimitata>> (da **UMANESIMO INTEGRALE** di J. Maritain).

La seconda considerazione attiene a due elementi peculiari della stessa democrazia: precisamente, alla partecipazione ed al controllo delle attività del gruppo o dei gruppi al potere da parte delle minoranze, partecipazione e controllo che devono essere requisiti ineliminabili in ogni sistema, vieppiu' se il sistema si ispira, appunto, alla concezione democratica.

Ciò nonostante, pur se teoricamente condivisi, i due fattori sono quelli che si presentano, spesso, deficitari nella realtà .

Per precisare il pensiero, utilizziamo le parole di Sergio Hessen, tratte dall'opera **DEMOCRAZIA MODERNA:**

<<Nello stato democratico moderno, la maggioranza non è un principio ma, piuttosto, una tecnica del modo di prendere decisioni (...), tecnica che non può pretendere di rappresentare la differenza specifica delle democrazie moderne.>>.

In realtà, quindi, la delega concessa, mediante il voto, ad alcuni da parte della maggioranza dei cittadini non garantisce, *ipso facto,* che la conseguente direzione politica sia, qualitativamente, la migliore possibile un determinato periodo.

Il parlamento, infatti, potrebbe essere eletto su basi informative inquinate e deformate anche attraverso gli organi di stampa.

In ogni modo, persino il governo scaturito da consultazioni elettorali libere da brogli potrebbe perseguire obiettivi di **potenza illimitata,** per usare le parole di Maritain.

In buona sostanza, questo è il punto di riflessione da evidenziare: il semplice *numero maggiore* non esprime, di per sé, una conseguente *qualità maggiore* di offerte.

Inoltre, esso non potrebbe rappresentare automaticamente una scelta autentica secondo lo spirito democratico, difficilmente certificabile in assoluta trasparenza e obiettività, se l'assunzione delle esigenze del cittadino non viene effettivamente assicurata in termini di realizzazione o, per lo meno, di impegno realizzativo, al di là del frequente limbo di promesse.

D'altra parte, lo stesso controllo, teoricamente esercitabile nel segreto con lo strumento del voto, non è sempre, come detto, esente da condizionamenti, non di rado, di ardua lettura e di improbabile esatto rilevamento statistico: ciò, ovviamente, dà adito a interpretazioni sugli esiti elettorali di impari confutazione tra i partiti.

Questa osservazione è avvalorata dal fenomeno degli spostamenti di voti che, spesso, non incidono sulle alleanze di potere né, in misura rilevante, sui programmi di governo.

A questo punto, emerge il ruolo dell'elemento caratterizzante della democrazia, cioè il **popolo,** anzi, per meglio dire, la presenza partecipativa di quel popolo che, una volta utilizzato per esprimere il proprio voto, rimane, spesso, spettatore emarginato.

Secondo il professor Laski, un governo che si definisce democratico deve soddisfare i veri bisogni e le necessità delle grandi masse: tesi ripresa dal professor Furio Diaz (periodico **MERCURIO 10 FEB 1990).**

Si potrà obiettare che queste sono asserzioni generiche e che, davanti ad un consumismo creatore e, allo stessi tempo, demolitore di prodotti, nonché omogeneizzatore di esigenze e di comportamenti, resta pressoché impossibile discernere i **veri bisogni.** La tesi, comunque, rimane un'indicazione di fondo che va messa in conto mediante il confronto, puntando sul **bisogno di giustizia,** non prettamente tribunalizia, che si rincorre per conseguire il potere a proprio vantaggio.

La società contemporanea è contrassegnata dal dominio della tecnica e dal culto del consumismo effimero, fenomeni veicolati dalla somministrazione di meccanismi generatori di consenso attorno a obiettivi di profitto, dove la manipolazione del danaro occupa uno spazio preminente. Guadagnare, nel senso di accumulare per la successiva spendita, è diventato lo scopo precipuo e ineliminabile del vivere quotidiano. Per il dio-danaro, oggi, si è disposti ad agire in ogni modo.

Da strumento di scambio la moneta è assurta a elemento fondante dei rapporti tra gli uomini. Essa è un'autentica divinità che impone leggi ferree soprattutto contro chi non è in grado di possederne.

Tanto per rilevare la differente posizione del danaro nella società, non era consentito, nel Medioevo, almeno come riferimento giuridico, neppure il prestito a interesse, considerato, in quanto tale, autentica usura.

24- USURA E RIVOLUZIONE

Oggi, il dettame riportato nel Vangelo di Luca, cap. 6:35

<<mutuum date nihil inde sperantes (date senza sperare nulla in cambio)>>

è caduto nel dimenticatoio anche in ambito cristiano, dove operano finanziarie che forniscono prestiti a interesse e non si fermano davanti a clienti in difficoltà, appellandosi ipocritamente alle leggi e ai regolamenti interni. Come si può notare, anche in questi casi, il **bisogno,** perché di bisogno si tratta, non viene trattato come tale dalle istituzioni ancorché formalmente operanti in democrazia.

Questo quadro si inserisce agevolmente nelle finalità di azioni di ogni cittadino, finalità che devono essere conseguibili fino a coinvolgere le stesse pulsioni intime, i desideri reconditi, che si evolvono, di pari passo, con l'esigenza di manipolare danaro, per consumare determinati prodotti in risposta ad un multiforme ventaglio di merci all'interno del potere economico e finanziario codificato e protetto, ben blindato da una legislazione sapientemente architettata. In questo modo, paradossalmente, si è arrivati a vendere danaro in cambio di danaro, parte integrante dei rapporti interpersonali, che non viene messa in crisi dal potere via via emergente dagli esiti elettorali, teoricamente e tecnicamente segni di partecipazione popolare al governo.

Ad aggravare il fenomeno è la globalizzazione entro cui lo stesso si sviluppa, favorita da una conserie di cause che inibiscono ogni forma di reazione .

A monte di tutto questo, va riscontrata la scomparsa di punti di riferimento, che, prima, abbiamo identificato nel Cristianesimo e nel Marxismo e che, in qualche modo, imprimevano, almeno a livello di impegno programmatico, una linea direttiva ai gruppi di governo, nel comune operare per la cosa pubblica (la **res pubblica** dei Romani in senso lato).

Sia il Cristianesimo sia il Marxismo, in misura differente, sostengono la centralità dei diritti del cittadino. Di fronte ad una realtà polivalente, va, in misura paradossale, rimarcato l'assopimento del senso critico della massa, che, nella sua subalternità culturale e censuaria, recepisce modi di pensare, per lo più contrari al soddisfacimento dei bisogni vitali sia materiali sia immateriali, come la profonda libertà, scevra da condizionamenti. L'assopimento del senso critico va combattuto con impegno formativo costante, in modo che qualunque potere, ancorché legittimamente costituito, rimanga sempre sotto il controllo vigile del cittadino che lo ha eletto.

Anche la solidarietà, di cui tanto si parla, sia a livello internazionale sia a livello nazionale come tra aziende, rientra nel sistema plutocratico che ci domina. Ma non va dimenticato che, comunque, spesso è caratterizzata da un equivoco di fondo, che tende a ignorare o sottovalutare la persistenza di due aspetti esistenti nella collaborazione instaurantesi. Per capire meglio, in pratica accade quello che Robert Trivers, dell'Università californiana, definisce **il dilemma del prigioniero.**

Si tratta di questo:

due giocatori, che, sempre sul versante politico-economico, si identificano, alternativamente, in due aziende, in due stati, in due blocchi di nazioni, in due persone, scelgono di collaborare o, per contro, di defezionare sulla base di regole precise. Le norme fondamentali sono queste:

se entrambe le parti collaborano, guadagnano tre punti ciascuna; se entrambe rifiutano, conseguono un punto a testa; se, però, si verifica il caso di una collaborante e di un'altra che defeziona, a questa parte, paradossalmente, spettano ben cinque punti contro lo zero per chi ha deciso di collaborare.

Il premio per chi non dimostra solidarietà è di gran lunga superiore di quello che offre aiuto. In teoria, mirando lealmente alla solidarietà, l'opzione da preferire è la collaborazione, l'aiuto verso il bisognoso. Ma la tentazione di avere cinque rimane forte per alcuni, stati o aziende o istituzioni che siano. Ed è quanto comunemente avviene, minando e conculcando in radice le condivisibili prospettive di miglioramento insite nella collaborazione e nell'aiuto reciproco, al di là dei profitti particolari conseguibili.

L'economia, che domina e impera con regole approvate dai governi, **democratici e non,** adotta le soluzioni che puntano al profitto, mirando a guadagnare cinque a chi (singolo o gruppo) già detiene il superfluo.

Essa è ben lontana, anche in fatto di conflitti, dal far trasformare le spade dell'egoismo in vomeri di pace e di giustizia, per usare le parole del profeta Isaia.

In effetti, crescono a dismisura le potenze finanziarie transnazionali, in grado di vendere danaro per ricavare interessi che, di fronte a individui impossibilitati a restituirlo, non esitano ad adottare misure aggressive recepite da legislazioni approvate da governi cosiddetti democratici. Questa sottomissione dei rappresentanti del popolo è più che mai evidente nel momento in cui le banche centrali sono abilitate a imporre politiche monetarie funzionali agli interessi delle lobby finanziarie operanti, spesso, con il danaro dei piccoli risparmiatori.

Molti, anche tra gli uomini politici, si rendono conto di questa situazione ingabbiante che opprime stati e individui in condizioni di disagio. Tuttavia, per inerzia o per impossibilità o per inconfessato interesse, non sanno reagire ed opporsi, specie se entra in gioco la prospettiva di un'ulteriore personale posizione di vantaggio.

Inoltre, occorre fronteggiare questa tendenza deplorevole e ingiusta, agendo, innanzi tutto, a livello, per così dire, intellettuale, contro l'erroneo e fuorviante presupposto che vede nella globalizzazione il criterio superiore entro cui decidere, anche a danno delle persone. Questo criterio impone tagli all'occupazione e contenimento dei piani di solidarietà in vista di obiettivi mercantili e a profitto di oligarchie sempre più potenti.

È questo ciò che si può definire democrazia e partecipazione popolare?

Le oligarchie, cioè gli uomini che le costituiscono, possono alimentare, attraverso i mezzi di cui dispongono, questa **cultura,** che, in nome della globalizzazione e del consumismo, sostiene la necessità della riduzione del controllo pubblico con conseguenze in vari campi: instabilità delle famiglie, precarizzazione dei diritti, aiuto pubblico al profitto di gruppi, attenuazione delle limitazioni nei licenziamenti. In questo quadro, i detentori del potere economico, ormai a livello sovranazionale, chiedono la revisione dello stato sociale nel rispetto di ipotetici allineamenti dei bilanci che, in buona sostanza, sono dettati dal rispetto dei margini di profitto programmati. Le penalizzazioni di tali imposizioni ricadono, ovviamente, sulla massa delle popolazioni prive di difese anche sotto il profilo giuridico.

Al riguardo, il sociologo Pierre Bourdieu, docente al Collège de France, ha osservato che anche il sindacalismo, istituzionale tutore dei diritti dei lavoratori, sta franando in una sorta di co-gestione delle contese

<<preoccupato **di partecipare all'amministrazione degli affari con dignità e buona educazione, conducendo un'azione di lobbying ben temperata.>>**.

Il quadro sopra delineato rappresenta una realtà che interseca i rapporti democratici. Esso richiede un'immediata inversione di tendenza dell'azione o, meglio, dell'inerzia del mondo politico, che, nel rispetto dei bisogni dei cittadini elettori, deve assumere coerenti decisioni senza i soliti rinvii e temporaggiamenti, di cui si avvantaggiano e si avvantaggeranno ancor di più i potentati economici e finanziari.

In questo contesto, va esaminato un altro aspetto che, per così dire, si è intrecciato con quella che pur continuiamo a chiamare democrazia.

È la **tecnocrazia,** che non sempre è di supporto al sistema democratico e, soprattutto, ai bisogni dei cittadini.

Il termine, decollato nel 1919, ha registrato un utilizzo in costante crescita. Originariamente, esso indicava un governo di popolo, supportato da tecnici, chiamati a collaborare col potere politico in quanto persone competenti in un settore specifico. Alla base di questa richiesta stava la motivazione secondo cui alcuni problemi di interesse generale non potevano essere risolti dai soli gestori della cosa pubblica.

Oggi, il significato riprende effettivamente ciò che l'etimologia dal greco designa, cioè **governo della tecnica e/o dei tecnici. D**i fatto, esperti delle varie branche del sapere sono possessori di conoscenze in misura superiore a quelle di molti cittadini e, quindi, in teoria, sono in grado di proporre indicazioni operative utili per il paese. In questo caso, ai governanti non resterebbe che lo spazio per tradurre in leggi determinate le conclusioni dei consulenti tecnici.

Secondo alcuni movimenti corporativi americani, come New Macchine fondata nel 1916, solo se gli esperti potessero dirigere le imprese, il progresso industriale sarebbe oltremodo garantito con ripercussioni favorevoli sullo sviluppo socio-economico in genere. Mutuando questa teoria, il criterio va esteso alla sanità, alla scuola, all'agricoltura, alla previdenza, alla finanza pubblica, riguardando prioritariamente obiettivi di crescita del profitto, indipendentemente dal genere di ricadute a beneficio della collettività.

Lentamente, ma ineluttabilmente, la classe dei tecnocrati si è andata imponendo in tutto il mondo, a cominciare dall'America, della quale altre nazioni sono, di frequente, ossequiose imitatrici.

Peraltro, non si può negare che la presenza decisionale degli esperti, per lo più attivata dietro le quinte delle leve di comando come eminenze grigie inesponibili, è preponderante in seno a diverse strutture sociali, economiche e politiche.

Tale supporto, comunque, pone un problema relativamente agli eventuali possibili condizionamenti della tecnocrazia sulla democrazia, dato che, come ho detto, si è pressoché smarrito l'originario significato di **governo di popolo** attribuito al primo termine (tecnocrazia) e ora inglobato dal secondo (democrazia), generando confusione.

Questa tendenza risulta ancor più pericolosa dal momento che la tecnocrazia risulta, almeno di fatto, preminente nelle strutture burocratiche, a loro volta organi della vita democratica, con rilevanti invasioni nell'esistenza dell'individuo.

La tecnocrazia, inglobata, come detto, nella democrazia (parola più accoglibile nel linguaggio politico!), ha fatto il suo ingresso anche nell'istituzione educativa per eccellenza, cioè la scuola, dove l'utente non viene generalmente stimolato a fronteggiare la realtà circostante con senso critico, anche con espressione di rifiuto, mediante adeguati strumenti conoscitivi.

Andando fino in fondo, non possiamo non chiederci se esiste una possibilità di governo senza il condizionamento del tecnico, ancorché nella necessità di ricorrere alla consulenza di questo operatore .

Data la multiforme varietà di specializzazioni in tutti gli ambiti dello scibile, oggi, l'eventuale ricorso del politico al consigliere esterno non può garantire, di per sé, che l'utilizzo di competenze settoriali sia proficuamente traguardato a scelte adeguate e coerenti per il sostegno degli amministrati.

Soprattutto in campo economico, non è fuor di luogo evidenziare che l'esperto può essere condizionato anche da interessi individuali e/o di categoria. Di conseguenza, non può essere il tecnico ad assumere posizioni determinanti nelle direttive di governo, sulle quali devono prevalere i giusti interessi degli elettori che hanno delegato il potere a propri rappresentanti mediante legittime elezioni. Altrimenti, se così non fosse, nulla vieterebbe di sostituire i politici con i tecnici, tornando al primigenio significato del termine, quando il popolo era governato dagli esperti o, come sosteneva Platone, dai filosofi.

Scrive il sociologo Zygmunt Bauman, autore de **L' ETICA IN UN MONDO DI CONSUMATORI:**

<<i managers hanno accantonato la scienza gestionale, che suggerisce regole di comportamento permanenti e stabili.>>.

Affermazione che si oppone alle indicazioni di un altro studioso, Max

Weber (1864-1950), che vedeva nell'organizzazione tecnocratica una sorta di laboratorio con percorsi finalizzati a specifiche mete, da raggiungere senza lungaggini né scorciatoie, con rapidità e limitazioni di errori, invocate come fattori imprescindibili di efficienza e, quindi, come motivi di soddisfazione per l'utente.

Confrontando le posizioni dei due studiosi, è evidente che, secondo Bauman, contro la validità delle norme, l'incertezza viene assunta come parametro operativo di riferimento, per giunta, agevolato, paradossalmente, dalla vigenza di numerosi e minuziosi regolamenti, che inducono verso interpretazioni e utilizzazioni differenti.

A primo impatto, l'osservazione si presenta, quanto meno,

estemporanea perché correlata a persone, cioè i manager, che presumiamo essere istintivamente e professionalmente devoti all'ordine, e mirati prioritariamente allo sviluppo del gruppo o del settore da loro diretto. Tuttavia, per quel seme di provocazione che contiene, essa merita qualche punto di analisi, utilizzabile nell'esperienza del cittadino nel ruolo di fruitore di servizi.

25- CITTADINO E STRUTTURE SOCIALI

Nel concreto, infatti, ognuno di noi, direttamente o indirettamente, ha o ha avuto o avrà contatti con una o più strutture burocratiche, rilevandone, all'occasione, il grado di efficienza o di inefficienza relativamente al servizio richiesto e offerto, sulla base di parametri come la rapidità e la completezza, oltre che la cortesia dell'operatore.

In ambito esecutivo, però, il quadro burocratico di alcune branche della società, ancorché o, forse, perché ancorate ad una dovizia di regolamenti, viene turbato da una congerie di risoluzioni interne ed esterne che risultano divergenti e/o contrastanti rispetto alle prospettate mete conclamate sulla carta. In sostanza, all'apparente coerenza della fase progettuale fa seguito l'incongruenza dei risultati, imputabile, in linea generale, ai tentennamenti che caratterizzano le iniziative dei promotori, dirigenti e coordinatori, e che derivano da frequente inidoneità, agevolata, per giunta, da una comunità tanto fluida nell'attitudine di consumare e, nel contempo, di *pattumierare* e di assorbire speditamente tutto, dal razionale all'irrazionale, dal lecito all'illecito, motivando le scelte contingenti con criteri di valutazione differenti e mutevoli.

Non di rado, il quadro offerto dalla burocrazia presenta e alimenta spazi di arroganza del singolo dipendente, che si sente investito di una sorta di potere in grado di esonerarlo dall'erogare un servizio rapido ed efficiente, come è compito dell'operatore. Un simile atteggiamento è sintomo della carenza di senso morale, che determina una sorta di violenza proveniente dal ruolo in misura tale da inficiare la qualità delle prestazioni pubbliche da garantire.

Il fenomeno è originato, spesso, dal fatto che il politico elabora leggi, demandandone l'applicazione agli uffici periferici, che, a loro volta, emanano regolamenti anche in contrasto con i principi teoricamente apprezzabili suggeriti dai parlamenti.

Così, i regolamenti sfuggono di mano, in modo che i burocrati, esplicitando la violenza insita nel ruolo, attribuiscono a scelte politiche la responsabilità di atti impopolari e contrari agli interessi generali.

Basta osservare come il potere degli uffici esattori delle imposte cresce a dismisura, indipendentemente dalle decisioni dirette del legislatore e al di là di ogni prevedibile intervento di un giudice terzo in grado di ristabilire e applicare concreti atti di giustizia, soprattutto a favore di chi, per ignoranza o per povertà, è impedito a ricorrere ai tribunali.

Come le istituzioni a diversi livelli esercitano il potere è presto detto. Non c'è bisogno di dettagliate precisazioni, nel momento in cui i cittadini ne fanno le spese. Infatti, colui che, a diverso titolo, le rappresenta, spesso e volentieri, si colloca, anche psicologicamente, sopra un ruolo che determina, per così dire, una certa *spersonalizzazione,* disumanizzando ogni rapporto persino di elementare cortesia, nel senso che si costituisce, ipso facto, istituzione.

Questo deleterio meccanismo si crea anche   nell'impiegato gerarchicamente sottoposto al dirigente. Questo dipendente agisce, quindi, con disumana saccenza, confidando persino nella protezione del proprio superiore, anche nel caso in cui l'utente non ha ottenuto quanto gli spettava per diritto.

È chiaro, comunque, che questo impiegato agisce nell'erroneo convincimento dell'efficienza richiesta dall'istituzione, pur se qiesta viene annullata nel modo di operare davanti all'utente.

Ogni funzionario, specie se pubblico, deve ricordare, nell'esercizio delle sue funzioni, un regola aurea fondamentale:

.essere umili con un superiore è un obbligo. Essere umili con un collega è cortesia. Essere umili con un *inferiore* è nobiltà.

Inferiore, rispetto al funzionario, è, indubbiamente, ogni utente, anche se va a chiedere il soddisfacimento di un diritto, almeno giuridicamente riconosciuto. Peraltro, non di rado, le norme favoriscono questo meccanismo di erogazione dei servizi da parte delle istituzioni, affidata a funzionari spinti da una sorta di *libido dominandi* nei confronti di persone per niente tutelate anche in richieste di elementari prestazioni. Così, assistiamo ad uno stato che è NEMICO del cittadino. Se, poi, osserviamo il potere rappresentato dalle varie istituzioni in ambito creditizio, il quadro di arroganza raggiunge vertici ragguardevoli, garantiti dalle disposizioni tacite o esplicite emanate dal mondo politico.

Basti pensare alla *potesta'* riconosciuta agli istituti di credito sul sequestro di beni immobili a cittadini in difficoltà economiche, anche per debiti di molto inferiori al valore degli stessi immobili. Fatto moralmente inammissibile in uno stato che si vuole definire *democratico,* anche quando opprime i suoi cittadini.

Diamo uno sguardo anche al potere giuridico di operare contro la tanto osannata *privacy* da parte di varie istituzioni, segnatamente quelle di ambito finanziario e quelle ricadenti nelle esazioni di imposte varie, dove il senso di umanità viene facilmente aggredito. La conclusione è chiara: la *privacy* non esiste se non in una prospettiva teorica che la pratica quotidiana smentisce in abbondanza.

Entro la prospettiva sopra delineata, emerge l'inefficienza complessiva di un qualsiasi campo (scuola, ufficio, ente pubblico, informazione ecc.), eludendo e/o restringendo la qualità del servizio erogabile ed erogato.

 Lo stesso personale dipendente, sottoposto ad un funzionario irresoluto e inaffidabile nella competenza e nell'organizzazione del lavoro, risulterà, da par suo, provvido elemento di manovra corruttiva e/o fattore di ostacolo.

 Il ruolo, invero, verrà esercitato come mero potere materiale e auto-consolatorio, con intenti di conservazione e senza recare benefici per i cittadini.

Questo genere di democrazia è favorito dalla mancanza di regolari e trasparenti controlli in grado di verificare i risultati programmati a tutti i livelli istituzionali, a partire dal potere centrale.

D'altra parte, oggi, nessuno, se non uno sciocco, oserebbe negare, in linea teorica, la cosiddetta pari dignità. Infatti, checché si affermi pubblicamente, essa risulta essere una semplice affermazione di principio, per ovvietà condivisibile. Ma tale dignità va, successivamente via via graduata sulla base reale del danaro posseduto e utilizzabile.

Questa è la società fluida, di cui ognuno di noi è parte, attiva o passiva o inerte, beneficiaria o meno, secondo le opportunità, escludendo da questa valutazione una vasta platea di individui.

Contigua a questa realtà quotidiana è la cultura che rappresenta la *sovrastruttura emozionale e motivazionale* dell'egoismo da cui la società è stimolata e che è dai propri membri costruita e cementata, più o meno consapevolmente, per perpetuare sistemi di convivenza corporativa e di interesse individuale.

26- L'USURPAZIONE DELLA RAGIONE

Nel mezzo di tali considerazioni si inserisce quella che John Henry Newman definì **usurpazione della ragione** (discorso tenuto presso l'Università di Oxford, l'11 dicembre

1831), spiegandone il significato nei seguenti termini:

<<abuso che si verifica ogni qualvolta ci si occupa di religione senza un'adeguata conoscenza e senza il dovuto rispetto per i principi ad essa propri.>>.

In quel caso, Newman si riferiva all'ambito religioso. Qui, usiamo il concetto in un contesto più ampio.

Periodicamente, la storia registra periodi che l'uomo definisce **di crisi**, soprattutto rapportando questo giudizio a parametri sempre contingenti e a circostanze diverse e/nuove rispetto a esperienze passate e/o rifiutate per motivazioni determinate da interessi da difendere e da mancato senso critico davanti alla realtà individuale e/o sociale, prescindendo, spesso, da valutazioni di ordine etico.

Non di rado, alla parola **crisi** non si accompagna una specificazione di contenuti, per cui essa viene recepita e trasmessa a livello di stato d'animo piuttosto che a livello di ragione. In questo modo, si preferisce parlare genericamente di crisi di ideali e di autenticità, a volte di semplice passaggio generazionale. La genericità con cui si parla della crisi pregiudica, conseguentemente, una precisa delimitazione tra ciò che è in crisi e ciò che, invece, resta elemento di incertezza vagante nel vuoto.

Indagare sui precedenti di questo periodo, invero, ci conduce, in campo filosofico, segnatamente alla corrente esistenzialista atea, con esponente di spicco Jean-Paul Sartre, che propugnava, dopo l'esperienza della seconda Guerra mondiale, l'assenza aprioristica di qualsiasi ideale, a cominciare da quello di onestà, e l'invalidità di ogni progetto da realizzare nel rispetto di valori comunque predefiniti.

Fatto sta che è evidente, come caratteristica prevalente del mondo odierno, la mancanza di rispetto per valori che trascendono quella che Machiavelli designava come realtà effettuale. In altri termini, oggi, si tende ad accantonare o a trascurare la verità dell'ambito filosofico per concedere tutto al dato di fatto, al dimostrabile, al commerciabile, identificando il massimo nel possesso di danaro, che dà adito ad ogni desiderio.

Si parte dal concreto, dal tangibile, dall'individuale senza proporsi alcuna ricerca su principi universali e immutabili, di cui, invero, si nega, a priori, la validità per il vivere quotidiano, in ossequio, al metodo sperimentale del Positivismo. D'altra parte, trincerarsi in rigidi schematismi di giudizi negativi nei confronti di tale modello di vita può risultare un atteggiamento erroneo. Di conseguenza, va evitato prima di essere, in qualche modo, compreso. A tale atteggiamento preconcetto va preferito il dialogo o, comunque, l'apertura leale e, se sollecitata, anche la polemica lealmente condotta. In questo modo, l'uomo, quale parte integrante della comunità, è chiamato a riflettere su dati di fatto che emergono nella convivenza civile, sotto qualsiasi sistema politico.

27- STORIA: NARRAZIONE E/O INTERPRETAZIONE

L'osservazione va rivolta sia agli eventi sia ai giudizi dati sugli eventi stessi sia, ancora, sulle narrazioni che il mondo culturale in genere fornisce agli utenti, rilevando, nel contempo, che la colluvie di notizie non sempre corrisponde alla realtà del vivere. Anzi, non di rado, le narrazioni si configurano quali proiezioni di modelli di pensiero e di comportamento viventi solo nella fantasia e proposti come progetti fattibili e assimilabili da una platea di utenti sempre estendibile.

Tale fenomeno incide naturalmente sul mutamento benefico posto come scopo primario della rivoluzione, termine ormai applicato con facilità e con tanta frequenza da farne evaporare il sostanziale significato.

I modelli di pensare e, soprattutto, di vivere secondo obiettivi standardizzati da una ristretta cerchia di persone sono effettivamente iperrealistici per la maggioranza, che, non potendoli applicare a loro vantaggio, finiscono per emarginarsi nei loro fantasmi.

Tuttavia, occorre sottolineare che la difesa dei privilegi posseduti da alcuni viene mascherata anche sotto lo schermo di principi e ideali altamente umanitari e democratici. La stessa sessualizzazione della società rientra nel contesto di una libertà che si vuole estesa il più possibile e che, in buona sostanza, appare come uno splendido disordine dei sensi capace di distogliere lo sguardo dai problemi e dai bisogni del vivere quotidiano.

In questo contesto, se manca il senso critico, anche i valori, da accettare sempre con convinzione e in autonomia di scelta, scompaiono o si raggruppano in forza dell'omogeneizzazione di gruppo, di ambiente, di educazione, ancorché non in forza di coercizione fisica.

Ai nostri giorni, emerge, secondo l'**esprit de geometrie** di pascaliana formulazione, un affievolimento, se non il declino, di tutti i riferimenti teoretici e, vieppiu', pratici con la religiosità, non dico, cristiana ma di quella primordiale che matura all'interno dell'uomo e che presenta l'esistenza come mistero o, come disse Heidegger, come enigma in relazione all'oscurità che circonda l'origine e la fine/il fine dell'uomo: aspetti che riguardano, di per sé, credenti e non credenti.

In tale condizione di carenza di ideali di riferimento, resta, per così dire, da colmare una prospettiva di significatività esistenziale, da realizzare come risposta a domande/bisogni che esigono di essere soddisfatti.

Il paradigma dei mutamenti ormai avviato è *egemonizzato,* per condensarlo in una parola altamente onnicomprensiva, dalla massiccia esorbitante presenza, subdola o manifesta, della sessualità in molte manifestazioni, secondo rappresentazioni realistiche e, come detto prima, iperrealistiche. Per giunta, lo stesso concetto di osceno, riferito a rappresentazioni iperrealistiche, ora è invocato per giudicare discriminazioni in altri ambiti.

Invero, non è dato sapere fino a che punto e in quale misura questo fenomeno di pansessualizzazione sia efficace supporto alla sostanziale liberazione dell'uomo. Esso, al contrario, lascia prevedere un risultato opposto caratterizzato da nascente schiavitù psicologica foriera di occupazione di potere, in grado di imporre sistemi, dove la libertà individuale è coerente soltanto con i vantaggi egoistici di determinate oligarchie.

Sintomatica, al riguardo, è l'uniformità di linguaggio tra le persone, che manifestano un certo timore a distaccarsi e distinguersi reciprocamente dal modo omogeneo di comunicare, privo, a ragion veduta, di autonomia e di consapevolezza.

Quanto detto prima si presenta come terreno sfavorevole al recepimento di una rivoluzione da attuare, soprattutto se designata come precipuo mutamento interiore e consapevolezza delle mete da conseguire per il bene comune.

Anche qui è illuminante un documento dello storico greco Senofonte, che descrive una situazione da lui osservata nel 425, quando era ancora un ragazzo:

<< Lo stato offre molti sacrifici e il popolo si spartisce le vivande e banchetta>>. Ai nostri giorni, lo stato assicura una *elevata* formale libertà al divertimento e ai passatempi,

specie televisivi, allontanando il popolo, in modo particolare la massa giovanile, dalle concrete preoccupazioni del vivere e dalle eventuali contestazioni contro uno status quo chiaramente dotato di uno squilibrio socio-economico.

Si attuava, in tal modo, quella che lo storico Plutarco chiamava la politica di Pericle: <<educare la città con svaghi culturali>>. Pensiamo alla varietà degli <<svaghi>>, più o meno <<culturali>>, che offre la società contemporanea e avremo l'ampia gamma di elementi disponibili per diffondere cultura e pseudo cultura, cultura vera e cultura *contigua o artefatta.*

28- SBOCCHI PER LA RIVOLUZIONE ?

Conclusivamente, va sottolineato, se pur ve ne sia bisogno, che la rivoluzione è un argomento di cui si parla senza che si intravedano sbocchi benefici per la massa dei cittadini.

La realtà, insomma, è più vicina al *dire* che al *fare* rivoluzione e può essere racchiusa nella seguente affermazione: tutto avviene permettendo che l'avidità di danaro e di potere, costruisca strutture e confezioni leggi in grado di moltiplicare sempre di più sia danaro sia potere a precipuo vantaggio di determinate oligarchie, per perpetuare, come scrive anche l'apostolo Giacomo, l'oppressione sui poveri.

L'indicazione di s. Giacomo è chiara, quando chiede in modo retorico:

<<Non sono forse i ricchi quelli che ci opprimono?>>.

La risposta da dare è affermativa. Domanda e risposta hanno certamente un significato se contestualizzate nel Libro sacro.

I ricchi, al governo o no, decidono e impongono più facilmente direttive in forza del potere economico e finanziario di cui usufruiscono, spesso senza alcun merito personale. La loro ottica non è conforme a quella di coloro che si affaticano per sopravvivere. Perciò, nel momento della scelta, privata o pubblica o amministrativa, essi misurano le direttive sulla base di motivazioni più o meno tecniche, trascurando i problemi del vivere quotidiano della maggior parte della gente. In questa realtà si registra una patina di assuefazione da parte delle persone *oppresse,* incapaci di reagire anche per scongiurare ulteriori conseguenze negative o, paradossalmente, per coltivare una pur tenue speranza di miglioramento della situazione in cui versano per colpe altrui.

Questo *torpore* psicologico permane anche nel momento del voto, quando la manifestazione di una chiara volontà contraria alla condizione oppressiva dovrebbe essere al massimo grado di efficacia. La realtà evidenzia che raramente questo grido reattivo si verifica e, allorquando ciò avviene, il potere lo rende vano per un altro periodo di tempo.

Tanto per fare un esempio, si può osservare il rapporto tra vita cristiana e strutture sociali.

Parlo di vita cristiana, perché gran parte di coloro che sono al potere dicono di ispirarsi al Cristianesimo nel loro operare politico.

Già le statistiche sembrano confezionate per consolare le anime dei credenti *anagrafici.* Stando ai numeri, infatti, molti politici condividono un orientamento cristiano di fondo. Ma i fatti dicono altro, anche a prescindere dalle cadute naturali di ogni uomo.

Mi riferisco precisamente alla discordanza rilevabile tra una comunità che si definisce cristiana e la pluralità di fenomeni socio-politici e culturali che, a vari livelli, non possono essere ritenuti cristiani, ancorché le apparenze di appartenenza vengano rispettate, forse anche nel contesto di un comportamento finalizzato al raggiungimento e/o al consolidamento di posizioni di favore.

Oggi, i templi non sono le chiese, ma gli istituti finanziari, dove si adora il dio-mammona, radice di ogni male (1^Lettera di s. Paolo a Timoteo 6:10) e dove operano dirigenti reputati o sedicenti credenti, lontani da una visione solidale con la povera gente, nel rispetto autentico dell'uomo, ma traguardati a progetti consoni all'occupazione di spazi di potere e al conseguimento di profitti personali e/o familiari e/o parentali e/o corporativi.

Inoltre, si verificano sempre più frequentemente casi di sacerdoti che preferiscono trascurare la pratica della povertà e la vicinanza alle persone in stato di sofferenza. Peraltro, essi non disdegnano di ricorrere a consolazioni di latente ipocrisia sostenendo che la ricchezza non è, di per sé, portatrice di felicità e invitando il bisognoso a gioire della povertà in cui si è costretti a vivere, per la serenità interiore ottenuta con il distacco dal possesso di beni materiali.

È chiaramente inutile, con queste premesse, aprire una linea di dialogo, soprattutto nel momento in cui le consolazioni provengono da chi ignora i disagi della miseria materiale, che, spesso, conduce alla povertà spirituale e culturale, senza via d'uscita.

La stessa Bibbia, nel libro di Giobbe, cap.16:2, cita significativamente i consolatori **molesti,** che sono coloro che offrono buone parole di circostanza in mezzo agli afflitti di qualsiasi genere.

Il quadro dei consolatori molesti è plasticamente completato col Salmo 69:20, quando l'Autore lamenta di non aver trovato una persona in grado di sollevare la sua condizione di sofferenza. Certamente, a livello di riflessione, è vero che, come recita la Lettera 62 di Seneca, è ricco chi sa disprezzare le ricchezze, abbandonandone il possesso ad altri. Ma, in tutto questo, si deve procedere per scelta, non per costrizione di circostanze e/o di altri (singoli o società), specie se questi altri usufruiscono di privilegi che li collocano su un piedistallo da cui sfacciatamente e ipocritamente possono dettare messaggi consolatori molesti.

In questo contesto, peraltro, non si può fare a meno di evidenziare come la cesura tra teoria e vita pratica diventi sempre più macroscopicamente scandalosa, nel senso che il fenomeno mostra e dimostra che la stessa fede, in troppi casi, viene proclamata soltanto a parole.

Per giunta, questa cesura è il sintomo evidente che la religiosità, ancorché raramente dichiarata, è una patina che copre una fede fasulla o, se si preferisce, epidermica, nel senso che chi pur occasionalmente la esprime non apre lo sguardo verso una vita ultraterrena.

La lotta avviene, in buona sostanza, in vista di benefici immediati e tangibili sulla terra che si calpesta, chiudendo ogni visione verso un premio o una condanna nell'eternità.

Quel che più opprime è il fatto che la chiusura verso l'eternità si registra in molte persone che statisticamente e anagraficamente sono ritenuti o si proclamano credenti.

Il fatto è più che mai evidente nella massa di persone che partecipano alle sagre paesane dove la presunta venerazione dei santi è un alibi per festeggiare con pranzi, cene e bevute senza ricordare né Dio né il santo.

Anche le visite ai santuari, spesso, sono stimolati da curiosità e, comunque, non sono dettati da profonda fede interiore.

I pellegrinaggi, insomma, non sono, di per sé, distintivo di fede. Al riguardo, sono da meditare le parole dell'**Imitazione di Cristo,** scritte attorno al 1400, dove, al Libro IV, cap. 1:2, si legge:

<<Molti corrono fino a luoghi lontani per vedere le reliquie dei santi ... e ammirano le grandi chiese,

osservano e baciano le sacre ossa, avvolte in tessuto d'oro, mentre, qui, sull'altare, ci sei Tu, mio Dio, il Santo dei santi...

Spesso, è la curiosità umana che spinge a quelle visite..., ma se ne riporta scarso frutto di miglioramento interiore.>>.

Nel nostro secolo, questa realtà è ancora più evidente. Anzi, è talmente incarnata nella mente e nelle strutture che basta una periodica occasionale dichiarazione di fede per essere qualificati credenti. A sostegno di tale superficialità viene inconsciamente adottato un ridotto o nullo senso critico che soggioga le coscienze, acquietandole con i divertimenti, con le feste e con le varie **giornate di...**

29- STUDI UMANISTICI E RIVOLUZIONE

Richiamando il tema della cultura affrontato in un precedente paragrafo, non appare fuori luogo citare quanto, sul periodico americano **THE TIMES LITERARY,** ha scritto Martha Nussbaum, docente presso l'Università di Chicago:

<<Gli studi umanistici e artistici stanno subendo tagli sia nell'istruzione primaria e secondaria sia in quella universitaria, in quasi tutti i paesi del mondo (...).

Le lettere e le arti -considerate accessorie dai politici- stanno rapidamente scomparendo dai programmi di studio, dalle menti e dai cuori di genitori e studenti.. >>.

Quanto affermato dalla docente americana è l'effetto, più o meno conclamato, dell'illusoria convinzione secondo cui il progresso della tecnica è sinonimo di progresso e di modernità, ivi incluso anche il consumismo come valido e coerente supporto.

In questo modo, secondo un ideale circolo, il discorso viene riportato all'ambito di una generale emergenza, originata e nutrita dalla carenza di valori sia sociali sia strettamente religiosi sia, anche, semplicemente culturali, nel senso che sapere significa disporre di un corrispettivo grado di potere, capace, quanto meno (e non è poco!), di contrastare, in maniera critica ed efficace, ogni esercizio di dominio, vieppiu' psicologico, proveniente da interessi del tutto materiali, ancorché forniti con messaggi comunque accattivanti, allo scopo di evitare l'assorbimento, prima, di modi di pensiero e, poi, di esempi comportamentali imposti da altri.

La vita dell'uomo è in rapporto con il progresso in senso lato, in termini sia di ricadute benefiche sia di effetti negativi, che, non di rado, si intrecciano a vicenda. Ogni scoperta ha lo scopo di migliorare la vita, soddisfacendo le esigenze via via emergenti e, invero, spesso sempre più sofisticate e indotte da martellanti e subdole operazioni pubblicitarie, di cui si è parlato.

In teoria, comunque, come obiettivo primario, ogni ricerca, specie in ambito scientifico, si inserisce nella prospettiva filosofica di rispetto e di supporto per l'esistenza dell'individuo, relativamente ai problemi esistenti e ai bisogni correlati all'ambiente e al periodo storico. Tuttavia, in una visione che deve essere realistica, non si può ignorare che , oggi, emerge, sempre più spesso, un certo contrasto tra progresso e vita umana, quasi a confermare l'osservazione dello storico inglese Herbert Albert Fisher già citato.

In altri termini, il progredire dell'umanità non sempre serve a favorire condizioni strutturali in grado di assicurare una vita dove la giustizia trovi adeguata ed estesa apolicazione.

Infatti, oggi, nonostante il conclamato progresso, si registra la discriminazione a carico di gran parte dell'umanità relativamente ai benefici ricavabili dal medesimo progresso. In questo contesto, si deve propriamente parlare di rapporto sfasato tra progresso, teoricamente a vantaggio di tutti, e *sopravvivenza* umana, anziché di rapporto tra progresso e *vita* umana. Un progresso, quindi, che va periodicamente riesaminato e controllato in termini di giustizia sociale e di etica planetaria.

Di fronte a questa richiesta rivoluzionaria di giustizia sorge facilmente un'obiezione circa il suo carattere di utopia, avanzata, comunque, sotto la spinta dell'egoismo, che, in questo caso, trova comodo attribuire al termine **utopia** il significato di un obiettivo irrealizzabile. Al contrario, il termine, nella prospettiva delle osservazioni qui condotte, indica una meta che diversi fattori concorrenti *impediscono* di realizzare e che, invece, a determinate condizioni, è possibile *realizzare*.

Il quadro concreto, in buona sintesi, appare chiaro: da un lato, sta l'esuberante ricchezza di alcuni, paesi o individui, rapportata sempre a parametri fasulli rispetto ai benefici generali; dall'altro, come atto di accusa al progresso osannato, si registra una vasta area di cittadini, ai quali è letteralmente precluso ogni accesso ai diritti elementari del vivere.

Alcuni periodi, per crisi più o meno reali, inducono persone e paesi ad alimentare uno stato di chiusura e di egoismo ancora più accentuato.

Riemerge una considerazione già evidenziata in precedenza: accanto alla società dei consumi e dei rifiuti ne esiste una che non può consumare, anche se va detto che chi consuma non ha sempre precise garanzie sulla genuinità del prodotto acquistato e utilizzato.

Uno studio del MIT (Massachusetts Institute of Tecnology), anche se del 1972, intitolato **I LIMITI DELLO SVILUPPO,** offre ancora oggi lo spunto per ampliare il discorso sul progresso, partendo da una constatazione di fatto: l'alimentazione inquinata quale conseguenza del vertiginoso sviluppo della produzione in tutti i settori. La sovrapproduzione ha inquinato anche quel settore di primaria utilità che è l'alimentazione. Se è vero, come è vero, che l'uomo, **per fare storia (** Marx-Engels- **La concezione materialistica della storia),** ha bisogno, prima di tutto, di nutrirsi, altrettanto vero è che l'alimentazione, sia nella fase preparatoria dei prodotti sia nella loro conservazione, non sempre offre sicura garanzia sull'effetto benefico che viene dichiarato nella diffusione commerciale. D'altra parte, sulla necessità del sano nutrirsi concordano marxisti e cristiani, nonché, in genere, tutti gli uomini che dichiarano rispetto per la vita.

In questo modo, le osservazioni si snodano su un terreno concreto, evitando, tuttavia, di atomizzarle in ambiti che esulano dalle aspettative dei cittadini.

In punto di approccio, non va disconosciuto un dato di fatto: l'uomo, promotore del progresso, indipendentemente dalla sua visione filosofica e/o religiosa del mondo, appare come soggetto in procinto di sbagliare e di contraddire anche le sue buone intenzioni.

30- UOMO,

CONSUMATORE DI BENI MATERIALI

E DI BENI IMMATERIALI

Mutuando termini dal Marxismo e dal Cristianesimo, si può sostenere che l'uomo, oltre che consumatore di beni materiali, si affaccia alla terra come peccatore, forse, addirittura, soprattutto come peccatore, cioè come soggetto incline a sbagliare.

Circa il proclamato rispetto per la vita, si può dire che l'atteggiamento dell'uomo non è cambiato nei millenni: infatti, il rispetto, teoricamente professato, viene trasgredito nella pratica, senza alcun ritegno e, anzi, nonostante accordi sovranazionali solennemente sottoscritti, ma destinati a rimanere lettera morta per lungo periodo.

Questa realtà non sfugge neppure nei procedimenti industriali, facendo raggiungere limiti di saturazione oggi difficilmente contenibili.

È evidente che, qui, si intende parlare di Cristianesimo e di Marxismo come correnti di pensiero, indipendentemente dalle applicazioni storiche registrate, e come ideali che mirano al rispetto della vita e al soddisfacimento dei bisogni dell'uomo, sia materiali sia spirituali o, comunque, immateriali.

Ciò va vieppiu' sottolineato nel momento in cui marxisti e cristiani, hanno tradito e, non di rado, tradiscono i punti direzionali cui dicono di riferirsi nel loro operare privato e pubblico. Non importa al riguardo stabilire se tale incoerenza o tale incongruenza si verifichi nella prospettiva di un'esistenza terrena o di una realtà che trascende quella stessa esistenza. In questa ottica, un dato di fatto occorre sottolineare:

l'uomo, promotore del progresso tecnologico, appare ed è un soggetto incline all'errore, sia per i suoi congeniti limiti sia per l'egoismo che lo agita. Il fatto si rileva indipendentemente dalla

componente ideologica e/o religiosa che domina o dovrebbe dominare la personale visione del futuro post-mortem.

In buona sostanza, riemerge l'elemento caratterizzante dell'essere umano visto come consumatore, nell'ottica marxiana, e come peccatore, nella prospettiva cristiana.

In questa teoricamente duplice modalità, l'uomo si presenta al mondo, all'ambiente circostante e alla realtà economica. È anche evidente che lo stesso uomo può creare condizioni di vita che sono in netto contrasto con il rispetto di condizioni idonee a trasmettere la vita stessa in modo adeguato.

Vale per tutto ricordare il livello di inquinamento globale registrato e mai ridotto, ai limiti di una saturazione forse irrimediabile. Tanto elevato è l'insulto ecologico da far apparire il progresso tecnologico come serio ostacolo alla stessa sopravvivenza dell'uomo in relazione all'habitat terrestre, marino e atmosferico.

L'uomo conosce l'importanza che le risorse naturali rappresentano come fonte di sostentamento. A fronte di questa realtà, spesso, è l'uomo stesso che favorisce e crea condizioni negative per il futuro. Ciò avviene in conseguenza delle politiche errate che, ormai a estensione mondiale, vengono adottate privilegiando la crescita del profitto contro il benessere della gente.

L'idea portante che deve essere immessa nei governanti, a questo punto, emerge con chiarezza, ed è una sola: modificare l'attuale linea di sviluppo e determinare una condizione di stabilità economica in grado di protrarsi nel futuro a soddisfacimento dei bisogni materiali e immateriali, offrendo pari opportunità realizzando basilari diritti.

A parte il fatto che, nel processo storico, c'è sempre un *quid* determinante che sfugge al bisturi del critico-analista, emergono sempre le radici bacate dell'anima che, a volte senza coscienza responsabile, è dominata dal profondo egoismo. Marx stesso, nel suo sguardo ai rapporti economici, non lo ha esplicitamente incluso nei fattori che fomentano la lotta di classe.

L'uomo è stato educato o *diseducato a mostrare* i frutti del suo talento. Il produttore di beni di consumo crea merci sempre più elaborate e le vende a prezzi concorrenziali in rapporto sia ad altri produttori sia alle richieste di mercato, oggi per lo più indotte dal martellare della pubblicità. Dal canto suo, il consumatore, anche di limitate disponibilità economiche, associa l'idea di un certo prestigio personale e familiare al possesso di determinati oggetti, non necessariamente utili all'esistenza, mirando a soddisfare anche il superfluo: fenomeno, questo, destinato ad ampliarsi dato che va sempre più scomparendo la cesura tra necessità e voluttà.

Questo è uno stile di vita che, comunque, non può comprensibilmente essere soddisfatto dalla generalità delle persone, che, nell'esclusione da questo *vantaggio,* saranno ostaggio dell'altrui predominio economico e culturale.

Il rimedio è la moderazione, che, visto come stanno le cose, è ben difficile, se non impossibile, da imporre e da annoverare tra gli ideali pedagogici applicabili tra i giovani.

31- EGOISMO NEI RAPPORTI SOCIALI

È una questione di non poco conto, che può essere validamente affrontata entro una prospettiva in risposta ad una domanda perentoria e chiara: si deve educare per questa terra o tenendo lo sguardo verso una realtà che sovrasta il reale di oggi?

Le risposte possono essere differenti.

Mi piace citare la lettera 47 di Seneca che, degli schiavi, scrive:

<<Essi vivono con te, sono i tuoi umili amici o, meglio, sono i tuoi compagni di schiavitù, se pensi che

la fortuna ha lo stesso potere su di essi e su di noi.>>.

L'egoismo scompare dando luogo ad un clima dove regna il rispetto verso gli altri. Purtroppo, i fatti contrastano sempre più con i consigli del Filosofo latino, che aveva un'idea di progresso ben radicata nell'interiorità dell'uomo.

Non è fuori luogo evidenziare, ancora una volta, la distorsione sul concetto di progresso, che, prioritariamente, era orientato alla creazione di fattori capaci di soddisfare i bisogni dell'uomo. Ora, si è arrivati, per via della commercializzazione generalizzata, a ideologizzare la vita e la morte secondo una teoria economica radicata sul privilegio che inquadra apertamente il vivere e il morire in una delle tante occasioni di mercato.

Nel 2002, un professore dell'Università di Chicago delineava una teoria della vita e della morte in perfetta preoccupante simbiosi con la logica di esclusivi interessi mercantili a diffusione globale.

In modo eloquente, lo faceva puntando l'attenzione sulla cosiddetta terza età, quasi che il vivere più a lungo fosse e sia privilegio da riconoscere a pochi fortunati, precisamente a coloro che, dopo gli agi della gioventù e della maturità, erano e tutt'ora sono in grado di superare le tappe di quella che potremmo chiamare *selezione sociale*, legata, ovviamente, alle risorse economiche possedute.

Richard Posner, questo è il nome del famigerato docente universitario, rilevava, a sostegno delle sue opinioni, che il declino della memoria negli anziani è determinato dall'eccessivo tempo libero a disposizione dopo l'uscita dal lavoro. In parole povere, secondo Posner bisogna allungare il periodo occupativo, e ritardare, conseguentemente, il pensionamento. Nella logica contorta di questo docente, la stessa eutanasia viene giustificata in funzione della

<<media ponderata tra l'utilità negativa dell'individuo, condannato allo stato attuale di malattia, e la sua utilità positiva nello stato di relativa salute nel quale si troverebbe se fosse ristabilito e, quindi, scegliesse, malgrado tutto, di continuare a vivere>> (R. Posner- Aging and Ild Age - University of Chicago Press).

L'esposizione è circonvoluta, ma il messaggio da comunicare è chiaro: se alla società non conviene in termini di profitto, questo o quel malato, questo o quel vecchio deve essere destinato alla morte anticipata, mediante eutanasia, previa applicazione di un procedimento che valuti la<< **media ponderata** tra **utilità negativa e utilità positiva>>**, **media matematicamente formulata**, evidentemente, da luminari medici.

Richard A. Epstein, collega di Posner, arriva a sostenere che il centralizzato sistema sanitario americano favorisce le persone, per così dire, **più malate,** cioè coloro che hanno meno probabilità di vivere a lungo.

E prospetta una soluzione, proponendo il metodo dell'offerta, secondo un vero e proprio mercato degli organi: persone in buona salute devono avere l'opportunità, giuridicamente normativa, di vendere i propri organi. Soluzione che non si sa come definire, soprattutto quando questo stesso docente conclude il suo convincimento in questi termini:

<<In un sistema del genere, tutti gli organi sono vitali. Per esempio, gli occhi potrebbero essere comprati e venduti.>>.

Il docente suggerisce anche qualche misura di garanzia, ove, bontà sua, ve ne fosse bisogno, annotando:

<<I venditori di organi dovranno istituire un processo di selezione rigoroso per assicurarsi che i donatori lo facciano di propria volontà.>>

Ovviamente, secondo la proposta, gli utili del mercato saranno fiorenti. Basta pensare, per esempio, sempre nell'ottica del profitto, che i tempi di dialisi saranno ridotti, che i frequenti trapianti miglioreranno le tecniche chirurgiche e un maggior numero di successi ridurranno i costi della burocrazia.

C'è da restare, a dir poco, basiti leggendo simili affermazioni, che non necessitano di alcun commento e dimostrano che non sempre, come ci ricorda il più volte citato Fisher, moderno è sinonimo di progresso in termini di benefici per l'uomo.

Comunque, il rischio che opinioni simili a quelle di Epstein si tramutino in proposte operative e, quindi, in leggi più o meno vincolanti è, a questo punto, pericolosamente vicino nell'ordine delle cose. In effetti, insistendo sugli aspetti falsamente dorati e avvincenti sopra richiamati per sostenere l'inutilità degli anziani e dei malati in un mondo dominato dal mercato, la gente finisce, esulando da ogni intervento critico o da ogni minimo buon senso, per recepire tutto ciò che i media le propinano, senza suscitare alcuna reazione, sulla base dell'ingannevole formula del moderno=progresso. A ben vefere, l'*igiene della specie* di hitleriana memoria non è, in effetti, un progetto del tutto scomparso!

All'origine di tali sottili manipolazioni di pensiero sta quella che Riccardo Petrella, dell'Università cattolica di Lovanio, chiama **espropriazione,** con precipuo riferimento ai inalienabili diritti della persona, che, a tutti i livelli (familiare, educativo, scolastico, politico, sindacale), è fondamentale sostenere.

Citiamone qualcuno.

Per prima cosa, anche le idee di Richard Posner denotano la tenue, o inesistente, considerazione in cui viene tenuta la persona, che, evidentemente, ha o acquista valore soltanto in funzione della sua capacità di produrre reddito e della sua *utilizzabilita'* a livello comunitario, addirittura in campo medico.

Non a caso, oggi, si parla di risorse umane, come il petrolio, il ferro ecc., accantonando, anche nella terminologia, quello che è e deve essere diritto al lavoro. Lavoro che, invece, viene identificato come merce concorrenziale sul mercato a livello mondiale e, quindi, destinato a subire le leggi della domanda e dell'offerta, con la conseguente variazione del suo costo e del suo prezzo in termini di retribuzione.

Su questi ambiti dovrebbe intervenire la politica, col suo potere di controllo, di indirizzo e di regolamentazione: potere, peraltro, legittimato dal corpo elettorale mediante elezioni che si presumono condotte con una campagna preparatoria improntata a lealtà e irrorata di sana polemica.

Purtroppo, questo è il piano teorico, che non si riflette automaticamente sullo svolgimento e sull'esito del ricorso alle urne.

L'idea stessa di pubblica autorità si è andata via via offuscando persino nella mente del popolo, ormai assente quasi totalmente di fronte a problemi capziosi messi in campo dai partiti e dai loro uomini.

Temi come una riforma elettorale dovrebbero invogliare la gente a manifestare il proprio orientamento.

Per contro, i politici si dilettano ad allambiccarsi su formule che, nella tornata elettorale, arrechino vantaggi, cioè consensi, ai propri raggruppamenti.

È ben vero e comprensibile che al popolo interessa che le persone elette siano capaci di adottare decisioni in vista del bene comune.

All'elettore non importa che siano garantiti meri periodi di governabilità, avendo come prioritaria la soluzione di problemi sociali in termini di una giustizia garantita da leggi chiare e applicazioni conseguenti.

La pubblica autorità viene agevolmente confusa con la potenza che, in misura eminente, risulta essere quella derivante dal possesso diretto e/o indiretto del danaro, in una parola dalla collezione di diritti di ogni genere: economici, finanziari, giuridici e via di questo passo.

Il sistema, checché se ne voglia dire, è, se così si può definire, di tipo feudale, dove i magnati riescono sempre ad operare entro i margini di leggi, dagli stessi invocate ed elaborate, anche se, formalmente, approvate dai parlamenti regolarmente eletti.

32- BUROCRATIZZAZIONE

Nel concreto, invece, a livello nazionale e sovranazionale, si registra l'eccessiva burocratizzazione dell'uomo politico, rappresentante del cittadino, che svolge il suo ruolo secondo un grado di attenzione oltremodo rispettoso nei confronti dei signori della finanza e del mercato.

In questo contesto, la stessa democrazia è stata e viene

impunemente, per così dire, espropriata dei sostanziali obiettivi di libertà, di uguaglianza, di solidarietà, di sostegno a favore delle classi più deboli, dei malati, dei poveri, dell'emarginato. Tutte categorie che l'ottica mercantile cataloga semplicemente come improduttive, quindi prive di impiegabilita' economica, cioè incapaci di fornire profitto.

Esistono obiettivi vicini ad ogni uomo, che riguardano i bisogni individuali legati all'esistenza non dati da alcuna multinazionale che si chiamano: occupazione, utilizzo della terra, alimentazione, abitazione, cultura, retribuzioni adeguate, sicurezza in caso di malattia, vecchiaia decente. Conclusione chiaramente opposta a quella prospettata dal docente americano!

In precedenza, si è riportata l'opinione di Henry Gadsden, allora (1977) direttore della multinazionale farmaceutica Merck, il quale si lamentava del fatto che la vendita dei farmaci era riservata soltanto ai malati. Secondo Gadsden, bisognava creare un sistema per offrire il mercato dei medicinali anche ai sani: fatto che, osservando prodotti vari, oggi, è una realtà. Per il mercato, era un'idea geniale, tanto che, oggi, anche le farmacie e le parafarmacie contribuiscono alla diffusione di prodotti che esulano da scopi curativi.

Quando Jaques Delors era presidente della Commissione europea aveva presentato la sua idea di Europa in questi termini:

<<L'assenza di dramma non deve occultare ciò che di rivoluzionario ha la nostra impresa e fa sì che stiamo

per dare vita ad un'Europa diversa.>>.

Anche Delors parla di rivoluzione come per indicare una realtà differente rispetto al passato più o meno immediato.

Ma utilizzava quel termine riferendosi al mercato unico che avrebbe instaurato quella che André Gauron, già nel maggio 1998, su Le Monde Diplomatique, definiva **dittatura della concorrenza,** ovviamente sotto veste democratica. Anche questo termine ormai adottabile per molte strutture.

La stessa Corte di giustizia della Comunità europea è all'unisono con simile orientamento, esponendo, in una sentenza del 1977, questo principio, quanto meno ambiguo:

<<La concorrenza non falsata implica l'esistenza di una concorrenza leale,

cioè della dose di concorrenza necessaria perché siano rispettate le esigenze fondamentali e vengano raggiunti gli obiettivi del Trattato di Roma e, in particolare, la formazione di un mercato unico che realizzi condizioni analoghe a quelle di un mercato interno.>>

È appena il caso di sottolineare che il diritto comunitario non trova origine in un parlamento regolarmente eletto, ma è semplicemente un insieme di norme elaborate in applicazione del trattato comunitario, perché alla Commissione e al Consiglio dei ministri europeo non è riconosciuto il potere di produrre e mutare il diritto.

Stando così le cose, la concorrenza ha libero corso e libero movimento e, per giunta, inserita com'è nel mercato, acquista potere giuridico e fattuale davanti anche al diritto comunitario, incidendo negativamente a carico dei cittadini, privi di qualsiasi appiglio difensivo in ambito giurisdizionale.

Di fronte all'inerzia o, peggio, la connivenza dei politici in questo campo, trovano largo e libero campo le operazioni dei lobbisti, che vengono consultati per l'elaborazione dei regolamenti e delle direttive della Comunità e che, ovviamente, conoscono strategie per proteggere ed estendere i benefici delle aziende rappresentate. Ciò, come si è visto, succede anche in ambito sanitario.

La direzione rimane sempre la stessa: proteggere il profitto, che, purtroppo, ricade sulle imprese e su coloro che le dominano e le guidano.

Ma l'aspetto che più indigna è un altro: con la connivenza o l'inerzia del mondo politico in quanto rappresentante eletto dai cittadini, cioè come rappresentativo della democrazia, si sono create strutture sovranazionali che, pur prive di mandato popolare, favoriscono e incrementano i margini di profitto.

Rientrano in questa categoria di organi il Fondo monetario internazionale (FMI) e l'Organizzazione di cooperazione e sviluppo economico (OCSE), che impongono politiche di basso costo per la manodopera, riduzione della spesa pubblica, flessibilizzazione del lavoro.

Come si può rilevare, si ritorna al concetto di *democrazia* inteso come *tecnocrazia,* nel senso che i governi sono tenuti ad attuare le programmazioni sulla base delle elaborazioni di tecnici che, pur dotati di specifica preparazione, esulano da ogni obiettivo inerente gli interessi del popolo esistenti alla base di ogni attività statale.

Scrive Pierre Bourdieu:

<<La mondializzazione dei mercati finanziari, coniugata con il progresso delle tecniche dell'informazione, assicura ai capitali una mobilità senza precedenti e offre agli investitori la possibilità di raffrontare in permanenza il grado di redditività delle maggiori imprese>> (Le Monde Diplomatique- Marzo 1998).

33- LIBERAZIONE

Contiguo alla rivoluzione è il concetto di liberazione che ritroviamo anche nell'antico Testamento, laddove viene introdotta l'istituzione dell'anno giubilare presso gli Ebrei in questi termini:

<<Santificherete il 50° anno e, nel paese, proclamerete l'affrancamento per tutti i suoi abitanti...

Ognuno di voi tornerà nella sua proprietà e nella sua famiglia >>(Levitico 25:10).

La parola-chiave, nel testo biblico, è **affrancamento,** che ben si addice ai termini rivoluzione, liberazione, cambiamento sostanziale.

È un vocabolo, che permette di seminare, per così dire, dubbi e perché sul corrente modo di pensare secondo una **dimensione unica** (Herbert Marcuse) e, inoltre, di rendere visibile l'interdipendenza tra fattore laico e fattore religioso della liberazione, identificati, nel libro dell'Esodo, rispettivamente, con il richiamo alla proprietà e alla famiglia, superando il ristretto modo di osservare cose, eventi e persone ancorato ad un'ottica predeterminata in base a interessi settoriali.

Mi rendo, peraltro, conto che questo approccio al tema può urtare le centrali del potere, attento prioritariamente a individuare e, quindi, a contrastare ogni minimo sussulto che rappresenta realmente o presuntivamente un'insidia alle situazioni di privilegio sedimentate e codificate.

Per i grandi della terra (così vengono definiti pochi uomini!) anche un evento religioso può rappresentare un'occasione per autoincensarsi di gloria, trascurando i poveri e gli incapaci, i quali sono tali in quanto *resi poveri e resi incapaci,* in una parola *resi oppressi* e, quindi, hanno bisogno di emergere da quell'anima *pubblicana* (Vangelo di Luca 18:9-14), che alimenta una sorta di autoesclusione rassegnata senza ritorno, e contribuisce a relegarlo ai margini della società, della politica, della religione, della cultura e dell'economia.

Il riferimento biblico postula, invero, la presenza di un Essere sul mondo, una Presenza che, nascendo dall'amore, ha modalità di manifestazione non sempre conformi ai criteri cognitivi e interpretativi dell'uomo.

Leggiamo, infatti, in Levitico 26:11:

<<Io (Dio) stabiliro' la mia dimora in mezzo a voi...

Camminerò tra voi. Sarò il vostro Dio e voi sarete il mio popolo.>>.

A questo punto, una domanda riporta inequivocabilmente l'argomento ad un ambito di spessore concreto, al di là della primigenia connotazione religiosa del testo biblico succitato, richiamando l'attenzione verso una direttiva politico-sociale.

La domanda si pone nei seguenti termini:

. la dimora di Dio tra gli uomini così come questi vivono ed operano, oggi, è realmente idonea al perseguimento degli obiettivi di pace e di giustizia riconosciuti quali fattori caratterizzanti del popolo di Dio?

La realtà contemporanea induce a rispondere negativamente, in ordine alla parola-chiave (affrancamento), assunta come filo conduttore al tema.

Affrancamento, nell'accezione più significativa, denota liberazione.

Lasciata macerare in tale spazio linguistico, tuttavia, la parola può ingenerare una certa ambiguità di interpretazione, specialmente se riferita ad un sistema di potere ammesso, in via pregiudizialmente definitiva, come condizione fattuale che libera e che, quindi, non può consentire alcun margine al dissenso.

In un simile contesto, la liberazione appare un obiettivo che, come esposto prima, insidia il sistema e fa traballare la *doxa* (insieme di opinioni convergenti sul pensiero concentrico) imperante che sostiene la struttura del medesimo sistema.

Bisogna, pertanto, invertire la tendenza che mira ad accettare una liberazione inclusa necessariamente e definitivamente nel sistema, per aprire un varco prezioso e fertile al dubbio e al consenso critico.

La liberazione non è e non deve essere considerata una meta chiusa e raggiunta né una condizione statica.

Peraltro, un traguardo può essere conseguito attraverso un impegno individuale e mediante la creazione di strutture coordinate ad hoc e non a fini estrinseci, che, solo casualmente, possono convergere verso la liberazione.

Entro questa prospettiva, trovano comprensione alcuni corollari Ineludibili e, in pari tempo, chiarificatori del tema in esame:

.i **non liberi** sono tali in quanto **non ancora liberati** sia di fronte a sovrastrutture ideologiche che perpetuano la condizione di concreta inferiorità di una fascia di persone rispetto ad altre sia di fronte a situazioni estrinseche instaurate anche mediante la produzione di norme mirate;

.i **non liberi** così identificati costituiscono la categoria degli *oppressi;*

.gli *oppressi,* sono, però, titolari, per nascita, del diritto di essere affrancati dalla condizione di precarietà estesa in cui vivono, senza ulteriori differimento;

.nonostante molte affermazioni di principio in tale direzione e, persino, le ribellioni registrate nel corso della storia, la realtà dell'oppressione non si è contratta, ma, anzi, appare destinata ad ampliarsi anche a causa della concomitante mallevadoria degli strumenti pedagogici, giuridici, economici, politici e religiosi creati e/o utililizzati in modo tale da assorbire efficacemente le eventuali voci di dissenso e da rendere lo stesso dissenso un elemento fisiologicamente funzionale al perpetuarsi del dominio globale.

In tale contesto, anche concetti come **storia** e **ordine** vengono cooptati nel linguaggio corrente in qualità di *ammortizzatori* culturalii e psicologici allo scopo di attenuare l'azione di quanti si discostano dalla **doxa** imperante, senza, quindi, poter incidere, con la loro voce critica, sulla politica, sull'economia, sulla cultura e via dicendo. Se n'è fatto cenno sugli <<svaghi>> pseudo culturali in altra parte del libro. Comunque, la storia continuerà ad essere quella descritta dagli studiosi organici al sistema, anche con l'utilizzo di fonti deformate all'origine.

A questo punto, vanno presentate alcune idee propositive specifiche, che, pur necessariamente di carattere generale, devono indurre ad affrontare la realtà contingente con uno sguardo che oltrepassi le apparenze, non di rado velate di provvida ipocrisia, con cui l'uomo di potere ricopre impietosamente e impunemente la sua attività, mirando esclusivamente alla mera conservazione dei propri privilegi.

Le considerazioni che seguono riguardano tre peculiari argomenti fra loro interconnessi con l'oggetto centrale dell'oppressione, la quale si configura, essenzialmente, come manifestazione di violenza, comunque evidenziabile.

La società contemporanea è caratterizzata dal flusso costante di episodi che hanno, per elemento dominante, la violenza, vista nella sua nudità di fenomeno sociale e/o anche delinquenziale, capace di trasmettere sottili messaggi di imitazione e assecondamento a livello emotivo.

34- LA VIOLENZA DEL RUOLO

Dal canto loro, i canali istituzionali o ufficiosamente deputati trasmettono la condanna degli episodi, anche se, a ben vedere, i messaggi non trascendono i semplici consueti richiami al rispetto delle regole, senza identificare e sanare la causa o le cause del medesimo fenomeno.

Con tale meccanismo, in realtà, si contribuisce a patinare la coscienza dei responsabili, censurabili, almeno sotto il profilo etico, considerato che, non di rado, sotto il profilo giuridico, le norme sono precostituite come liberatorie a favore delle autorità.

Voglio dire: esiste la violenza in termini di oltraggi fisici contro le persone.

Ma va registrata l'altra faccia del problema, sulla quale, talvolta, si stende una coltre assonante di silenzio.

Mi riferisco alla *violenza del ruolo,* che enuncio nei seguenti termini:

.ogni uomo occupa, nella società, una posizione determinata dall'origine familiare, dal censo, dalla categoria di appartenenza. In tale contesto, l'individuo si presenta agli altri mediante un insieme di atteggiamenti che possono ingenerare anche una reazione inaspettata da parte dell'interlocutore.

Tale può essere il ruolo del genitore, del docente, del giornalista, del politico, del pubblico ufficiale e via dicendo, in rapporto alle persone che si trovano, obiettivamente, in una posizione sottordinata.

Una specifica forma di violenza, a volte, è esercitata nel momento in cui anche ideologie storicamente date vengono svuotate o edulcorate o rese asfittiche di fronte ad ogni sbocco positivo di azioni concrete.

Mi riferisco, in particolare, al Cristianesimo e al Marxismo, di cui occorre, come in precedenza rilevato, rivalutare le specifiche fonti concettuali, depurandole dalle manifestazioni storiche contingenti e riducendo all'essenza il messaggio caratterizzante.

Richiamiamo qualche concetto per collegare l'argomento:

i nuclei di valore evidenziati per Cristianesimo e per Marxismo risultano, rispettivamente, l'interiorità e l'impegno rivoluzionario.

L'interiorità, come si è visto prima, è la categoria fondante secondo cui il valore attribuito o attribuibile all'azione dipende dall'intenzione coscienziale che deve precedere e presiedere ogni atteggiamento umano.

Per Marx, la categoria fondante è l'essere rivoluzionario, che non esclude il ricorso ad atti di violenza di natura fisica, anche se, comunque, compiuti in vista di un adeguamento della quantità di doni che l'individuo ha il diritto di percepire per poter **vivere e fare storia.**

La stessa violenza teorica esercitata sulle ideologie viene, successivamente, trasmessa all'attività politica e, in misura prevalente, alla forma di governo definita, sempre e comunque democratica, ancorché eventualmente inficiata dall'utilizzo strumentale delle votazioni, che, in teoria, rappresentano il passaggio eminente di delega del potere governativo dal popolo ai suoi rappresentanti.

Tutto ciò lascia evidenziare un elemento preciso e ineludibile: il fatto che la democrazia non è necessariamente il trionfo di molti eletti, ma di una maggioranza qualificata, senza trascurare che, spesso, il concetto originario di democrazia non corrisponde al rispetto effettivo della volontà popolare, in quanto sul potere politico premono interessi particolari legati, soprattutto, ai potentati economici e finanziari.

Quale può essere lo sbocco per questa realtà sempre più asfittica e chiusa agli interessi dell'uomo ?

La principale risposta da fornire è semplice: opporre alla planetaria azione del profitto oligarchico la mondializzazione di interventi contrari da parte della politica, investita dal potere popolare.

Peraltro, l'enunciato, a prima vista, appare utopico, sia pure di un'utopia che le condizioni attuali del dominio mondiale, coalizzate a tutti i livelli, non consentono di realizzare e che, anzi, le stesse impediscono efficacemente di conseguire, perché, se questo disegno *utopico* si inverasse, lo status quo di vantaggi sarebbe minacciato. Intraprendere, poi, questa strada al singolare risulterebbe più utopico che mai di fronte a inveterate situazioni di mercato, di pensiero e di profitto.

Non resta che affidarsi veramente e non figurativamente alla misericordia del Signore, perché quella dell'uomo, ancorché auspicata in tutti i consessi laici e democratici, è di là da venire, anche se va precisato, a scanso di equivoci, che la misericordia divina ha tempi e modalità di intervento differenti da quelli dell'uomo.

Replichiamo il quesito:

.cosa resta da fare?

È questa, in buona sostanza, la domanda che ci induce a riflettere sull'ingiustizia presente e radicata tra gli uomini.

Le indicazioni da fornire al riguardo sono generali.

Ma vogliono, comunque, essere stimolanti, quanto meno, per creare una base di dissenso di fronte alle situazioni di oppressione.

Ormai, le virtù cristiane impazzite qua e là nelle varie ideologie del passato (uguaglianza, solidarietà, rinuncia ai privilegi e all'egoismo, tanto per citarne qualcuna) sono scomparse persino dal vocabolario corrente.

La politica non recepisce più questo linguaggio, preferendo avvitarsi in discussioni che mirano al processo di suddivisione delle porzioni di potere e di profitto, a qualsiasi livello, e rendendo vacue le deleghe, ormai via via private di titolo rappresentativo delle categorie o classi di cittadini, soprattutto di quelli emarginati.

Chi, peraltro, bene o meno bene, percepisce un qualsiasi reddito si sente naturalmente in obbligo di difendere il suo orticello e non si arroga alcun diritto di difendere altri suoi simili più deboli.

In fondo a questa realtà, comunque, la domanda resta:

.che fare ?

La politica, invero, viene esercitata soltanto nominalmente in difesa dei poveri, in quanto ogni programmazione tiene conto dei movimenti finanziari mondiali (vedi FMI e OCSE, già citati), peraltro regolamentati da accordi vincolanti, in vista di obiettivi di profitti predeterminati.

La professione del politico si è stabilizzata ormai in forza della **pecunia** che essa procura a chi la esercita, con assoluta noncuranza verso coloro che, teoricamente, dovrebbe rappresentare e che, invero, sono le persone le quali legittimano la sussistenza di un incarico e del relativo onorario.

Il rischio è che anche il cittadino, dotato di un livello economico di sussistenza in qualche modo garantito, assume le difese del sistema in cui è inserito, fornendo valore e vigore ad un principio ambiguo ed inaccettabile, assunto ad alibi liberatorio e contrastante con quello di uguaglianza, secondo il quale chi è capace, alla fine, riuscirà ad emergere, ben sapendo che la realtà generale smentisce questo affermazione.

Questo rischio è concreto, perché chi usufruisce di condizioni strutturali favorevoli al conseguimento della liberazione e alla conservazione dell'affrancamento potrà rimanere imbrigliato nella schiavitù di idee, di orientamenti, di prospettive che sono funzionali all'autocensura utile principalmente alla conservazione delle strutture di potere.

Le medesime strutture, in questa ottica, sono unidimensionalmente presentate come liberanti, anche se risultano tali soltanto in apparenza, in quanto, nella realtà, sono util a limitare gli spazi della critica, del dissenso e della messa in crisi.

35- IL DISSENSO GLOBALIZZATO, OSTACOLO DEL RINNOVAMENTO

La globalizzazione del dissenso, peraltro, appare, così, difficile entro breve tempo, perché essa deve partire in primo luogo da chi soffre l'oppressione sulla propria pelle, cioè dalla consapevolezza interiore dell'ingiustizia che si subisce.

Comunque, anche chi si trova ad un livello minimo di sussistenza rischia di rimanere schiavo di ciò che viene diffuso come motivo di liberazione. In tale circolo, disegnato da altri anche relativamente al tempo cosiddetto libero (e tale non è), molte scelte risultano subdolamente dettate, sia pure con mani di velluto, da chi detiene in mano il potere economico.

La persona poco reattiva finisce, cosi, per assuefarsi ad un ruolo, che è sempre funzionale al sistema imperante.

Elemento portante della società contemporanea è l'informazione in generale, ma, soprattutto quella video, che, in molti casi, fa da supporto, più o meno consapevole al sistema, limitando o attutendo la capacità critica dell'utente.

Il flusso costante e multiforme, senza posa, impedisce l'analisi delle notizie e dei commenti trasmessi, e non agevola la decodificazione dei messaggi. L'utente è, così, costretto ad assorbire ogni sorta di comunicazione senza rendersi conto sia del valore oggettivo sia dell'utilità individuale dell'informazione. Non fa differenza, al riguardo, la notizia di cronaca, da un lato, e i cosiddetti consigli per gli acquisti, alias la pubblicità, dall'altro.

Ormai, il modo di *porgere* i dati, nell'uno e nell'altro caso, è, per così dire, univoco nella sostanziale ambiguità.

Basti pensare che le redazioni e le agenzie pubblicitarie mirano ad accreditare il messaggio, indipendentemente dal valore oggettivo e/o dall'utilità pro-individuo.

Occorre, pertanto, collocarsi dalla parte dell'utente, cioè del cittadino, sottolineando l'urgenza di stimolare e agevolare la capacità critica del potenziale consumatore di notizie e di prodotti commerciali, allo scopo di permettere una scelta consapevole e un utilizzo deliberato rispetto alle offerte di idee e di cose.

Purtroppo, davanti a certi *contenitori* televisivi, sotto la parvenza di offrire un quadro ampio del reale, presentano una vasta gamma di informazioni che diventano esempi e paradigmi da imitare, soprattutto nel momento in cui tali esempi provengono da personaggi idolatrati per il livello di ricchezza posseduto.

Un ruolo importante potrebbe offrire la scuola per fronteggiare la diffusione di questa pericolosa *cultura contigua,* stimolando la formazione di un sapere critico nell'alunno, in modo che l'allievo sappia selezionare e, all'occasione, rifiutare, in tutto o in parte, la molteplice colluvie di messaggi ricevuti: un sapere critico che deve essere alla base di ogni ulteriore crescita culturale e che, nel mondo moderno, si va, purtroppo, assottigliando in miti vacui. Contrastare questa realta' deve essere un impegno autenticamente rivoluzionario.

Antonio Gramsci, nel febbraio 1917, scriveva:

<<L'indifferenza opera potentemente nella storia. Opera passivamente, ma opera (...).

È la materia bruta che si ribella all'intelligenza. Ciò che succede, il male che si abbatte su tutti, il possibile bene che un atto eroico può generare non è tanto dovuto all'iniziativa dei pochi che operano

quanto all'indifferenza, al l'assenteismo dei molti.>>

Queste parole di oltre cento anni fa possono essere proficuamente riproposte all'attenzione dell'uomo contemporaneo, a prescindere dal contesto storico-ideologico da cui provengono.

 Esse attenzionano una ferita sempre più purulenta e refrattaria ai medicamenti: si tratta, appunto, dell'indifferenza con cui tutti ci rapportiamo davanti agli altri e davanti agli eventi vicini e lontani, più o meno *storici,* che si susseguono senza provocare in noi una consapevole reazione intima, genuinamente rivoluzionaria in grado di ripercuotersi sulla società in termini di benefici generali.

Il fenomeno, come osservato prima, è agevolato dai mass-media in generale e dalle insufficienze registrate in campo scolastico, dove deve essere attuata una programmazione capace di fronteggiare l'espansione indiscriminata di messaggi non condivisibili e, comunque, recepiti senza alcuna reazione critica, complice, come detto, l'indifferenza di molti, secondo il richiamo di Gramsci.

Ad accrescere l'indifferenza contribuiscono anche i giochi. Sto pensando a quello che viene descritto così:

<<**Creature che vivono nei prati, nel sottobosco, nelle foreste, nelle caverne, nei laghi**.>>

Sono chiamati Pokémon. Ne sono stati creati almeno 150. Il giocatore deve *catturare* tali **creature**, e, quindi, renderle docili ai comandi provocando nuove abitudini, secondo una concezione darwiniana dell'esistenza, in senso evoluzionistico.

Al riguardo, anche a prescindere dalla considerazione sull'usanza di attutire e di comprimere la libera creatività ludica dei bambini, il pensiero corre al genere di concetti che si fanno assimilare sin dall'infanzia, nel momento in cui si trasmette la visione di una realtà senza apertura al senso critico.

Lo scrittore Ignacio Ramonet si chiede:

<<Nell'epoca della rivoluzione delle biotecnologie e dell'invasione degli organismi geneticamente modificati, dobbiamo forse sorprenderci che i bambini sono affascinati da questa epopea di mutanti ?>>.

La risposta, per quanto non gioiosa, non può che essere negativa. Tuttavia, essa deve generare una profonda inquietudine per l'elevata incidenza che un gioco può imprimere sulla formazione di un bambino, nel momento in cui neppure la scuola è, spesso, in grado di suscitare e di alimentare un atteggiamento critico anche nei confronti dei vari poteri.

È evidente che questi dati di fatto indicano solo una realtà: la libertà personale si va via via restringendo sotto il dominio del pensiero *concentrico,* prima elaborato da potentati allogati in vari angoli del mondo e, successivamente, assorbito da una massa di uomini ignari e/o indifferenti come veleno centellinato giorno per giorno, a somiglianza di come si esercitava Mitridate, il famoso re del Ponto. Costui consumava dosi di veleno crescenti giorno per giorno per abituare l'organismo a reagire e, quindi, per impedire la morte per avvelenamento da parte di traditori.

Ma va segnalata una differenza: Mitridate era consapevole della sua scelta.

L'uomo di oggi, nella maggior parte dei casi, assorbe i messaggi senza esaminarli e, anzi, finisce per interiorizzarli al punto di ritenerli vitali per la sua esistenza e per la sua integrazione nella società.

L'osservazione è applicabile tanto a colui che, in qualche modo, è beneficiario di beni materiali ed è interessato alla conservazione delle condizioni di vita quanto a colui che dai vantaggi sociali è attualmente escluso e, in pari tempo, aspira a conseguirli, pur senza attivare iniziative idonee a questo scopo.

Fa riflettere quanto lo stesso Mao scrisse sul Marxismo per rilevare che, nonostante le conclamate promesse politico-economiche, il Comunismo non è riuscito a portare il benessere universale.

Sono semplici parole a mo' di osservazione, che propongo ad una pur fugace lettura:

<<Da quando Marx ha scritto che tutte le cose hanno la loro morte, come potremmo dire che ciò non è applicabile allo stesso Marxismo ?>>.

In effetti, la storia vissuta, non quella descritta e interpretata, mostra come le teorie sono state, spesso, smentite dagli eventi, guidati da alcuni leaders che miravano ad occupare le leve di comando prioritariamente a vantaggio personale in termini di potere e/o di possesso di beni materiali.

I principi lungimiranti non mancano neppure in epoca recente. Per esempio, secondo la Dichiarazione universale dei diritti dell'uomo,

<<Ogni persona ha diritto ad un livello di vita sufficiente per assicurare la propria salute, il proprio benessere e quello dei suoi familiari, in particolare per quanto attiene all'alimentazione, al vestiario e ai servizi sociali necessari.>>.

Ognuno si avvede che questi diritti restano, ancora oggi, sulla carta, almeno per la maggior parte delle persone. Per costoro, nella quotidianità, essi sono inaccessibili, nonostante siano, in teoria, alla portata di tutti.

Consideriamo il settore alimentare. Le risorse mondiali, globalmente esaminate, sono in abbondanza tale da consentire a tutti gli abitanti della terra l'assunzione di almeno 2.700 calorie giornaliere.

La realtà emerge drammatica: milioni di persone muoiono di fame, perché non dispongono del danaro per acquistare le derrate alimentari, di cui la terra dispone.

La situazione è paradossale, nella sua iniquità. Ma le statistiche la supportano rilevando che le percentuali distribuiscono equamente le risorse naturali fra tutti gli abitanti del globo. Secondo i numeri menzognero delle statistiche, il benessere dei popoli risulta, però, garantito e distribuito anche conculcando i diritti reali delle singole persone.

In questo modo, la sovranità moderna non appartiene al popolo, ma a coloro che manovrano il danaro, la *pecunia.*

È, quindi, una *sovranità pecuniaria,* dalla quale nessuna rivoluzione ha liberato gli uomini oppressi, gli uomini *non liberati*, quindi *non ancora liberi.*

Le stesse battaglie di liberazione si insinuano, spesso, nei cunicoli del sistema e non producono i benefici che fanno balenare.

Col passare degli anni, le promesse vengono dimenticate e gli uomini di potere, che le avevano proclamate, scompaiono dal sistema senza essere, quindi, chiamati a rispondere degli inganni perpetrati a danno della gente.

In effetti, la maggior parte degli uomini al potere, sia politico sia economico, progettano, cioè dicono di progettare a lungo termine (30/40/50 anni). I progetti a lungo termine si rivelano funzionali alla conservazione dei benefici di chi li ha annunciati per un semplice dato di fatto: come detto, alla scadenza temporale, nessuno risponderà delle promesse non realizzate.

Alla scadenza dei piani elaborati, infatti, gli stessi uomini non esisteranno più e tutto verrà puntualmente dimenticato persino da coloro che dovevano esserne beneficiari. La memoria, in certe occasioni, è proprio una facoltà che ...dimentica, ma a danno dell'oppresso.

Come scrive Gerard Mairet ne **Il principio di sovranità (1997), la** sovranità è un principio **inerte** e incapace di **orientare l'avvenire.**

L'attività politica vive ormai in una zona grigia, terreno fertile per manovre economiche, senza attenzionare i problemi quotidiani della gente.

Checché si voglia mostrare in contrario, le multinazionali risultano le reali sovranità che operano indisturbate, perché dispongono di strumenti giuridici adeguati per imporre i loro piani nei settori della sanità, dell'istruzione, dell'ambiente.

Sul sito internet della Commissione europea, per esempio, è proclamato chiaramente che

<<la partecipazione attiva ai negoziati delle industrie di servizi è cruciale per permetterci di allineare i nostri obiettivi alle priorità delle imprese. L'Accordo generale sul commercio dei servizi (Agcs) non è solo un accordo tra governi. Esso è, prima di tutto, uno strumento a vantaggio del mondo degli affari.>>

Se mi soffermo sull'attività politica a livello europeo è per rilevare come la sovranità nazionale è davvero **inerte,** secondo il succitato parere di Mairet. I rapporti correnti con le banche dimostrano come alti dirigenti UE assumono posizioni che non devono contrastare con gli operatori finanziari e commerciali.

La delocalizzazione è il paradigma utile per capire i processi deleteri messi in atto contro il diritto al lavoro. Al riguardo, rimando il lettore a quanto efficacemente esposto da Frédéric Lordon su **Le Monde Diplomatique dell'aprile 2004,** di cui riporto alcuni punti.

<<In questo quadro, ai guardiani dell'ordine monetario internazionale, poco importa se, tra i cittadini, maturi un certo grado di consapevolezza che

li induca a reagire contro i diversi sistemi di governo.

 Per costoro, il flusso continuo di notizie, in contesti variegati, rientra nel gioco, in quel meccanismo perverso dove i cittadini hanno paura di perdere il posto di lavoro e i disoccupati hanno paura di finire in uno stato di prostrazione sempre maggiore.>>.

La paura del presente e la sfiducia nel domani sono due aghi che pungono, da una parte e dall'altra, l'esistenza dei cittadini, comprimendo il loro pensiero in modo concentrico, senza via d'uscita e fidando in una quotidianità limitata.

I governatori delle banche centrali sono strettamente legati al mercato e trascurano i vantaggi del danaro ricadenti sui cittadini, i quali rappresentano semplici numeri, non persone dotate di diritti.

Secondo la concezione cristiana, la terra è un dono che Dio ha concesso all'uomo perché questi possano vivere su questo mondo, anche se nella prospettiva della salvezza eterna. Il lavoro, pertanto, è il mezzo per sopravvivere in attesa della vita eterna. Nel Medioevo, l'eccedenza dei raccolti andava messa da parte per essere successivamente erogata gratuitamente ai poveri.

Anche il prestito doveva essere concesso senza alcun interesse. Il prestito a interesse, nel Medioevo, era un abominio ed era definito, di per sé, **usura.**

Come tale, la Chiesaera riuscita a farla proibire anche ai laici, pur se, in non poche circostanze, il divieto è stato trasgredito.

Ora sappiamo come funziona la diffusione del danaro.

La situazione si può leggere in questo modo: i ricchi diventano sempre più ricchi; i poveri annaspano di miseria in miseria. La molla basilare che sostiene questo processo di arricchimento/impoverimento è l'egoismo alimentato anche tramite atti legislativi.

Spesso, la legislazione interna di uno stato, oggi, viene elaborata tenendo conto di crescite pecuniarie e finanziarie al di fuori e, spesso, contro gli interessi dei popoli amministrati. Basta osservare come opera l'Omc (Organizzazione mondiale del commercio) per rendersi conto di chi detiene le leve di comando a livello internazionale. I commissari decidono sulla base di consultazioni attivate presso banche e mercati. Per esempio, nel 1998, l'UE ha creato l'Esf (Europea service forum), che riunisce almeno 80 multinazionali di servizi.

Già nel 2001, l'allora commissario Madelin chiedeva alla Barclays Bank che venissero segnalati i più importanti mercati di servizi e, nel contempo, venissero rappresentati i principali ostacoli al commercio nei settori dell'istruzione, dell'ambiente, della sanità e dei servizi sociali.

Un altro commissario UE, Michel Servoz, aveva giudicato gli stessi settori come muraglie che si opponevano alla liberalizzazione.

Già da tempo, il commissario Pascal Lamy aveva dichiarato davanti all'Uscib (Us Council for International Business:

<<Se vogliamo migliorare il nostro accesso ai mercati esteri, non possiamo mettere al riparo i nostri settori protetti.

Dobbiamo essere pronti a farne materia di negoziato se vogliamo dare adito ad un accordo globale.

Per l'UE, questo significherà dare un dolore a qualche settore, ma significherà realizzare guadagni in molti altri.

Credo che noi sappiamo che bisognerà acconsentire a dei sacrifici per ottenere ciò che desideriamo (Le Monde Diplomatique - luglio 2000).>>.

I commissari UE conoscevano gli obiettivi mercantili cui miravano accogliendo i desiderata delle grandi imprese.

Tra i progetti non figuravano i bisogni reali della gente, ma gli interessi delle categorie già dotate di danaro e di potere, in grado di condizionare le direttive politiche a livello mondiale, nel quadro della *democrazia pecuniaria,* dove chi aspira al pane non ha alcuno spazio, anche se, formalmente, partecipa alle operazioni elettorali, nel rispetto formale della rappresentanza.

Quel che contava e quel che conta è, quindi, l'armonizzazione delle politiche monetarie, di bilancio, fiscali e simili, secondo la nuova economia descrivibile nei seguenti termini: l'ideologia del nuovo ordine mondiale presuppone che non ci siano più luoghi diversi per decisioni globali e che tutte le persone ragionevoli si comportino allo stesso modo.

È esattamente la realtà che possiamo osservare attorno, più vicina di quanto le informazioni, spesso, tendono a farle vedere solo dietro i teleschermi.

Il ruolo dell'informazione in genere è innegabile nel momento in cui gli utenti ne assorbono i messaggi.

Abbiamo segnalato in altra parte del libro la necessaria previa presenza del senso critico di colui che riceve i messaggi, mirati, spesso e volentieri, a privilegiare i toni dello scoop per catalizzarne l'attenzione, e, in tal modo, utili a indirizzare le persone verso opinioni predeterminate e opinioni precostituite. Esiti che, invero, potrebbero essere anche ammissibili ove preesistesse il senso critico.

Purtroppo, il senso critico si registra con sempre minore frequenza, permettendo ai mass-media di inondare l'utenza con una colluvie di notizie provenienti da ogni parte, senza lasciare spazio all'obiettiva personale valutazione dei dati forniti e, non di rado, reciprocamente smentiti e/o accreditati a causa della memoria corta e dell'indifferenza del fruitore.

Un handicap per un'obiettiva informazione è, senz'altro, il legame tra editori e aziende industriali, che induce il giornalista, per così dire, ad autogestire i dati informativi di cui dispone e, non si abbia timore del termine, ad autocensurarsi, senza invocare censure estero-dirette.

Le reciproche accuse degli operatori che si rinfacciano di essere al soldo di qualcuno ne sono un piccolo ma significativo sintomo di una obiettività spesso malsana sul nascere. Al riguardo, non si può non richiamare un fenomeno, citato in altra parte del libro, che, ormai, è riconoscibile in ogni campo e che John Henry Newman ha definito **usurpazione della ragione** (discorso presso l'Università di Oxford 11 dicembre 1831), spiegandone il significato nei seguenti termini:

<<abuso che si verifica ogni qualvolta ci si occupa di religione senza un'adeguata conoscenza o senza il dovuto rispetto.>>.

Tale approccio, applicabile ad ogni settore, induce e conduce a rifiutare ogni realtà o pensiero che non sono riconducibili al personale modo di vedere e di giudicare di chicchessia.

Il fenomeno non va trascurato nella sua incidenza sociale, vieppiu' nel momento in cui i poteri forti, specie in ambito economico o a partire dall'ambito economico, inducono a seminare modi di pensare funzionali ai vantaggi di classe, insinuandosi agevolmente anche in ambito religioso, ridotto, non di rado, a mera ritualità, corroborata, a sua volta, da fattori materiali concreti, come il materialismo diffuso, l'edonismo, il culto del danaro, il consumismo.

Lo stesso fenomeno viene sottilmente motivato con argomenti sostenuti dalla ragione, disseminati qua e là anche per mezzo delle informazioni, dove, in generale, è scomparso ogni sostanziale riferimento a ciò che sa di sacro. Nel secolo scorso lo scrittore francese Charles Peguy puntava il dito sul problema:

<<La spaventosa penuria del sacro è il marchio profondo del mondo moderno.>>.

In questo mondo, oggi più che mai, possiamo includere la presenza fragile, se non l'assenza, dei cristiani, i quali, secondo il commento di s. Agostino al Salmo 50,

<<nel circo (il mondo, appunto), per qualche motivo, si spaventano e si fanno il segno della Croce, ma restano lì, nel luogo da cui se ne andrebbero se quel segno avessero nel cuore.>>.

Al razionalista *estremo* va segnalato il consiglio di un razionalista moderato come Tommaso d'Aquino:

<<Non guardare da chi senti (qualcosa), ma ciò che di buono viene detto.>>.

Una ragione a senso unico non rispetta il valore della stessa ragione e alimenta una sorta di *imperialismo socio-culturale* a favore dei poteri dominanti, i quali mirano a fronteggiare ogni minimo tentativo di reazione in grado di far scricchiolare il sistema costituito e a perpetuare lo stesso sistema nel tempo finché è consentito e nelle modalità di adattamento in cui è possibile.

Il profilo culturale e informativo in genere è il primo settore su cui vigilare per non consentire cedimenti repentini delle strutture che alimentano benefici settoriali solidamente sedimentati con motivazioni in apparenza *razionalmente* sostenute anche mediante legislazioni architettate in modo irrefutabile.

Secondo il potere dominante, i movimenti o gruppi o individui che contestano questo dato di fatto vanno tenuti sotto osservazione oppure, quanto meno, inseriti nel circuito informativo-mediatico entro limiti improduttivi, senza conseguenze di rilievo o, comunque, a scadenze future.

Un esempio significativo ci sovviene anche dalla tanto celebrata solidarietà a livello sia locale sia mondiale, contestualizzando l'argomento addirittura in ambito economico.

Non si esita a parlare, al riguardo, di **economia della solidarietà,** ma in modo generalmente equivoco, perché, in realtà, si evita di comparare le spese utilizzate per la **solidarietà** con le risorse destinate alle varie guerre vigenti in diverse parti del mondo.

 Secondo i calcoli degli esperti, a fronte di un dollaro speso per opere variamente qualificabili *di pace,* 250 dollari sono riservati a spese militari.

Tuttavia, ad ogni piè sospinto, tutti i consessi locali e planetari non mancano mai di proclamare impegni per costruire la pace, come se la concordia generale tra gi uomini e i popoli fosse una casa materiale da edificare e non, invece, una realtà da creare e alimentare nell'intimo dell'uomo.

Proseguendo nell'equivoco, come dicevo, viene introdotto un concetto mai sufficientemente chiarito nella sua reale portata, che, tuttavia, tende, nel concreto, a smorzare gli impegni di chi crede in una pace sostanziale che proviene dall'interno della persona e che nutre una duratura rivoluzione.

È il concetto dell'**economia della solidarietà,** economia che si incarna nel momento in cui si offrono aiuti ai cosiddetti paesi in via di sviluppo, disconoscendo, non di rado, le condizioni di povertà presenti nei cosiddetti paesi sviluppati. Il tutto, ovviamente, viene condito col danaro che circola in misura abbondante nelle mani di poche persone.

Assistiamo, ogni giorno e in misura sempre più rilevante, alla concentrazione di danaro nelle mani di pochissimi individui.

Ciò avviene con la complicità e/o la connivenza e/o il silenzio di persone investite di potere politico da parte della maggioranza di cittadini, cioè, in pratica, formalmente attraverso un processo di natura democratica, in parole povere mediante una scelta che viene, quanto meno, attribuita al popolo e che è teoricamente garantita dal sistema di un voto libero e segreto.

Va, comunque, detto che, se la scelta dei governanti viene effettuata generalmente con voto popolare, si sta facendo strada anche un altro meccanismo che limita tale processo elettorale.

Pensiamo, per esempio, alle designazioni di componenti di determinate istituzioni sovranazionali, che vengono operate al di fuori di specifiche votazioni.

Pensiamo anche a organismi, come la BCE (Banca comunità europea) e il FMI (Fondo monetario internazionale) ed altri, dove i ruoli direttivi sono attribuiti sulla base di accordi politici e vengono esercitati al di fuori degli interessi preminenti dei popoli, che, in fin dei conti, sono i sostenitori finanziari degli stessi organismi.

Questo procedimento avviene perché le *governance,* come si dice, godono di retribuzioni ragguardevoli in misura tale che liberano i dirigenti da scelte restrittive per la loro esistenza e in modo tale che possano assumere decisioni a carico della massa dei cittadini, amministrati, come detto, da persone non elette ma designate mediante giochi di potere.

Ma, alla fine, deve sorgere la domanda centrale:

se è così difficile, oggi, parlare di rivoluzione senza ambiguità sostanziale, perché farla?

La domanda, a mio avviso, va posta in questi termini:

come fare rivoluzione?

Sul perché credo che l'accordo in linea generale è spontaneo. Quasi tutti gli uomini non sono soddisfatti della posizione sociale ed economica in cui si trovano.

Ma, all'interno di questa massa, vivono individui che sentono i disagi conseguenti all'ingiustizia in senso lato e alle ingiustizie particolari che sono costretti a subire senza poter attivare alcuna arma di opposizione a causa della stessa personale ingiustizia.

Costoro non hanno gli strumenti culturali ed economici per reagire, anche quando il diritto, nella sua formulazione teorica, prevede qualche via di difesa.

In via strettamente ideale, la rivoluzione presenta, per lo meno in via prevalente, un obiettivo verso cui tendere e che può essere racchiuso nella *felicità.*

Il termine, però, si rivela assai vasto, in quanto può comprendere una varietà di sotto-obiettivi traguardati ad esigenze differenti da persona a persona, da ambiente ad ambiente, persino da epoca storica a epoca storica.

Volendo incarnare il concetto, si può individuare la felicità nei termini seguenti:

modo di vivere che integri con soddisfazione intima lo sviluppo delle risorse interiori lungo il percorso del vivere.

Se tale condizione di percorso non diviene prioritaria anche nella programmazione pubblica, a livello sia nazionale sia locale, ogni iniziativa è destinata a scontrarsi con i bisogni del singolo, che, quindi, verranno trascurati e/o conculcati per privilegiare coloro che vivono già in ambienti congeniali al percorso della felicità, in quanto le loro esigenze sono, per così dire, inglobate nella pianificazione generale.

Costoro, nel loro individuale benessere, possiedono una coscienza, per così dire, *rovistabile,* nel senso che sono dotati o si sono dotati di criteri valutativi delle scelte politiche ed economiche che non ledono minimamente i personali interessi. In buona sostanza, per loro, ogni genere di governo funziona, è valido ed è, quindi, sostenibile a tempo indeterminato.

Soltanto in questa prospettiva, trova spiegazione e ragione di vita la permanenza degli stessi individui al governo di una nazione.

La quota insoddisfatta di malcontento che si registra non raggiunge livelli tali in grado di mutare assetti governativi vigenti che, in tal guisa, non hanno difficoltà a replicare direttive, riverniciandole, per replicare lo status quo sostanziale a danno di coloro che stanno ai margini e, ovviamente, e per limitare i confini delle proteste.

Naturalmente, neppure una rivoluzione armata garantisce il mutamento delle condizioni di povertà e non estingue il malcontento.

Si potrà ottenere il silenzio della gente, che, prima, poteva esprimere il proprio parere e la propria scelta partitica.

Ma, quanto a felicità, la condizione di attesa rimane. Anzi, spesso, può mostrarsi gravosa dietro richiesta del nuovo governo che trova agevole gioco a chiedere sacrifici alla gente per sanare le falle ereditate.

La storia è ricca di cicli simili che denotano come l'esito positivo e benefico delle rivoluzioni non dipende esclusivamente da cambiamenti di uomini al potere, ma dal modo di esercitare il potere scelto dalle persone.

In sostanza, la rivoluzione politica deve essere, prima di tutto, operata a livello di coscienza. Essa deve essere umana.

Altrimenti, si risolve in una serie di eventi, spesso atroci, che partoriscono nuove ingiustizie, cioè infelicità a livello individuale.

In linea di principio, i governanti non devono essere detentori di potere personale, ma si devono dedicare al bene del popolo, anche sacrificando i loro personali interessi .

Nella realtà, il commercio e l'economia in genere hanno messo in evidenza, scoperchiando, per così dire, il connaturato egoismo dell'uomo, la palese differenza fra i meriti economici e quelli morali, fra i beni e il bene: concetti che, nel tempo, si sono andati confondendo fino ai nostri giorni.

Anche in Omero, un uomo possessore di beni è considerato buono, come, nell'antico Israele, la ricchezza era considerata segno di benevolenza divina.

Ma, quando il possesso di beni era via via frutto di avidità, il giudizio sui ricchi mutò, originando quella che Nietzsche indicò come **rivolta morale degli schiavi,** dove gli schiavi sono coloro istituzionalmente destinati a subire le angherie dei ricchi, di cui parla la lettera di s. Giacomo, Cap.2, versetto 6.

Resta da evidenziare un particolare molto significativo ed è il seguente: i poveri, non potendo contrastare il potere con altro potere, rispondono all'ingiustizia materiale (carenza di beni) con un criterio morale, cioè giudicando **cattivi** gli oppressori. Ma, come si può constatare, è un atteggiamento che non produce alcun mutamento delle condizioni di bisogno in cui si dibattono i poveri.

Costoro coltivano la pia illusione che gli oppressori decidano di ravvedersi e di rinunciare almeno al superfluo per destinarlo a chi è privo dello stretto necessario.

È appena il caso di rilevare che tale disarmonia della disparità riscontrata tra gli uomini all'interno di uno stato, si perpetua anche attraverso la carenza o l'insufficienza di adeguate incisive disposizioni giuridiche. Queste, anzi, a volte per le pressanti atomizzazioni di clausole raffinate, si rendono aperte ad ogni ulteriore ingiustizia per il gioco di interpretazioni che favoriscono.

Al punto in cui è cresciuta la struttura della società, appare persino ridicolo ricordare quanto, sin da secoli remoti, richiamava il filosofo Eraclito, per non scomodare riferimenti cristiani, più vicini (solo nel tempo) a noi. Eraclito sosteneva che le leggi umane dovevano, e devono, alimentarsi dell'unica legge divina: questa, infatti, impone quanto basta per tutte le cose e, aggiungeva, ne avanza pure. Certo, le leggi sono atti convenzionali e via via perfezionabili, ma, in ogni caso, non devono essere arbitrariamente formulate nell'interesse di chi detiene il potere, ancorché legittimamente conseguito, almeno sotto il profilo formale delle elezioni.

Dal canto suo, Socrate insegnava che era, ed è, impossibile rinunciare ai concetti generali di morale che individuavano la contrapposizione tra bene e male, tra giusto e ingiusto e che si palesano presupposti fondamentali per la convivenza e l'armonia sociale.

Platone, nell'**Apologia**, 29d, fa dire a Socrate davanti alla condanna a morte:

<<Ateniesi, io vi voglio bene.

 Ma obbediro' al Dio piuttosto che a voi!>>.

Praticamente, è il medesimo insegnamento che ritroviamo nella Bibbia, in Atti 5:29, quasi in pari formulazione.

Al riguardo, sono eloquenti le parole di Socrate, riportate in **Apologia 32a:**

<<È necessario che chi combatte realmente in difesa della giustizia, se vuole salvarsi anche per poco tempo, faccia vita privata e non pubblica.>>.

Emerge chiaramente la sfiducia di Socrate verso le istituzioni, anzi: propriamente e correttamente verso gli uomini che operano nelle istituzioni e che, praticamente, vi si immedesimano ad un punto tale da farsi, essi stessi, *istituzioni*.

In effetti, le istituzioni non esistono senza individui e funzionano nei modi, giusti o iniqui, che gli individui imprimono attraverso delibere, decisioni, interventi ecc..

Anche ai nostri giorni, e, forse, con uno stile più elaborato, gli uomini al potere riescono a camuffare i personali interessi con motivazioni formalmente valide. Basti pensare, tanto per essere realisti, alle decisioni in campo economico assunte, dicono, nel rispetto di tecniche di bilancio, secondo la gestione diligente di un buon padre di famiglia. Come conseguenza pratica, una massa di cittadini viene esclusa dai benefici economici e un'altra vede erosa la sua capacità di benessere.

Il problema, quindi, non è e non deve essere come mirare ad ottenere il meglio e il più nelle circostanze del momento, ma ricercare il bene comune lottando contro circostanze funeste, senza ridurre il bene all'*opportuno,* a ciò che è bene per un gruppo, spesso in misura sovrabbondante, stante il sotterraneo egoismo che stimola la cupidigia di potere e di guadagno.

È evidente, come detto in precedenza, che la rinuncia alla vita comunitaria e al possesso di beni è determinata da una scelta del tutto personale, a qualsiasi motivazione si possa far risalire in un individuo. Ma, in tale decisione, non vanno mai, e in nessun caso, coinvolte altre persone. L'isolamento e la povertà devono essere, per così dire, coltivate nell'ambito della libertà strettamente individuale, senza intaccare prerogative e benefici altrui.

Qui, non riveste alcun pregio affermare che il superfluo può causare insoddisfazione e che il saggio non è un prodotto delle circostanze ed è colui che domina le medesime circostanze. A livello personale, queste affermazioni possono essere condivise e, persino, applicate nel quotidiano, ma non vanno estese o, peggio, imposte ad altri. Non di rado, le istituzioni operano in questa direzione, ancorché, come detto prima, camuffando la realtà con motivazioni apparentemente coerenti.

Spesso, molti potenti si autoproclamano **rivoluzionari**, non esitando a diffondere programmi di governo in opposizione a strutture amministrative vigenti e più o meno oppressive. Per confondere le menti stilano riforme altisonanti che, anche nel breve termine, si rivelano di pura facciata.

I propositi di tali pseudo-rivoluzionari non sono determinati da una sincera volontà di modificare l'esistente in direzione positiva per i cittadini.

Il vero rivoluzionario costruisce il suo impegno nel proprio animo prima di avvinghiare le folle con propositi dettati da ipocrisia.

Conosco una persona di nome Gesù, che conosceva l'anima delle persone.

Alcune persone, investite di potere, le qualificava **lupi rapaci.** Oggi, sicuramente, Gesù avrebbe adottato lo stesso metro nel giudicare gran parte di coloro che si dedicano all'attività politica.

Sono individui che si *impegnano* nell'attività pubblica senza aver prima interrogato la propria coscienza sullo scopo o sugli scopi che li spingano verso un tale sbocco professionale, peraltro classificabile e realizzabile come servizio. A tali amministratori viene anche attribuito il titolo di *onorevole,* ma, spesso, il termine non risulta appropriato.

Comunque va precisato: come ogni uomo, anche gli amministratori sono soggetti a sbagliare, ma l'errore non deve essere originato da malafede e da interessi personali. Inoltre, l'errore deve essere riconosciuto e corretto senza tergiversare in modo che le conseguenze negative vengano, quanto meno, limitate in estensione e in gravità.

Ciò nonostante, la felicità resta l'obiettivo estremo per ogni uomo.

Il problema si presenta quando si tratta di fornire una definizione univoca o, quanto meno, generalmente condivisibile all'interno di una determinata comunità o stato, dove i ruoli sono, spesso, favoriti dalle circostanze ricadenti nell'ambito di appartenenza, familiare o corporativa che sia.

Né ha minor pregio riconoscere che anche l'eletto dal popolo può agire contro la felicità delle persone da governare, nel momento in cui ne conculca i diritti elementari del vivere, cioè il vitto l'alloggio e l'istruzione, che sono ineliminabili in uno stato democratico degno di questa qualifica. Peraltro, in una società che tenda ad educare al rispetto delle regole morali di natura, c'è da aggiungere una nota di notevole rilevanza, sempre a sostegno del convivere democratico. Ed è questa:

i governanti non devono esercitare il potere a vita, prorogando stabilmente il loro impegno pubblico sia pure mutando ruoli e incarichi da un'istituzione all'altra e motivando questo automatismo occupazionale con l'esperienza acquisita.

Al momento giusto, il politico deve mettersi da parte, ricordando che altri possono sostituirlo in profili di rilievo nell'amministrazione.

Del resto, si verifica di frequente che dirigenti e managers di aziende pubbliche transitano allegramente da una dirigenza all'altra, per meriti politici, ancorché dopo aver prodotto il fallimento di aziende precedentemente amministrate.

Gli esempi che non danno coraggio né speranza per il futuro, purtroppo, non mancano. Farne una raccolta è palesemente un'esercitazione retorica, dalla quale voglio astenermi.

E non voglio neppure recare spavento a chicchessia, ricordando che tutti ci lasciamo un lembo di morte alle spalle, ogni giorno.

L'uomo semplice e timoroso assorbe questo pensiero. Ma chi è avido di potere ignora comodamente ogni riferimento sia alla morale sia all'ultimo attimo del morire, racchiudendo dentro l'arco della vita tutte le sue potenzialità, anche se queste sono state espresse a svantaggio dei propri simili.

Che cosa, dunque, può operare la rivoluzione per incidere sulla sostanziale immoralità con cui convive la società contemporanea a danno di molti individui?

Certamente, il legislatore produce i suoi decreti. Ma questi non si rivelano, sempre e comunque, formulati sotto la guida e la spinta di principi morali, all'insegna dell'obiettivo che è, o deve essere, la felicità degli amministrati, del cosiddetto *popolo*.

Sosteneva Charles Peguy:

<<La rivoluzione sociale sarà morale o non sarà>>.

Ai nostri giorni, l'affermazione conserva il suo intrinseco valore e non può essere smentita.

Il significato profondo è chiaro.

I sommovimenti di ordine politico-sociale sono generalmente originati dalla volontà di un gruppo determinato di individui, che si raccolgono attorno a precisi obiettivi e progetti idonei ad attuarli.

Per imprimere validità, tali programmi devono mirare rivolti al bene comune, sul quale possono ragionevolmente convergere gli orientamenti di una platea sempre più numerosa di sostenitori.

Peguy destina la sua attenzione a tali gruppi, chiarendo che, prima di avviare la trasformazione di strutture sociali ingiuste, devono impegnarsi a rinnovare la loro vita interiore, a cominciare da un profondo esame di coscienza sulle loro esperienze e sulle motivazioni di ordine morale che li spingono a costituirsi e ad operare nel sociale.

In questa prospettiva, la fede assume uno spazio di rilievo come fonte di attività nella sfera sociale.

A mala pena, essa si rende omogenea ai progressi che privilegiano il culto delle ricchezze, dei piaceri, del lusso, insomma del *pur splendido disordine dei sensi,* che rende più seducente il soggiorno sulla terra, anche se questo induce a calpestare le più elementari esigente del proprio simile.

Prendiamo come paradigma il tema dell'usura.

Le leggi condannano questa pratica. Si è ricordato in precedenza che la società medioevale considerava il prestito a interesse come operazione usuraia.

Si insiste tanto anche sulla mutualità delle associazioni e sull'eccellenza di interventi solidali e/o umanitari, volendo ignorare quante illiceità si nascondono in operazioni magnificate come atti di carità.

Nella realtà contemporanea, la curva demografica, almeno in Europa, si è drasticamente spezzata.

 Molte terre restano incolte e interi villaggi vengono abbandonati all'incuria.

L'economia familiare è costantemente in regresso. Le monete sono alternativamente svalutate e rivalutate da magnati che non subiscono né subiranno mai gli effetti negativi di svalutazione e rivalutazione del danaro.

I padroni del mercato del lavoro bloccano salari e stipendi, ma, per contro, i tassi delle loro rendite non diminuiscono mai.

Le difficoltà materiali si riverberano tanto più crudamente sulle famiglie povere quanto più sopraggiungono dopo un periodo di relativa tranquillità.

Di fronte alle miserie comuni, dovrebbe maturare l'esigenza di solidarietà elementare, quasi naturale.

Invece, gli individui si rinchiudono nelle loro difficoltà quotidiane, in una sorta di rassegnazione disperata, che viene, se posso dire, sublimata sostenendo che le cose sono destinate a protrarsi per lungo tempo, data una generica crisi generale.

La collera degli elettori rimane nel chiuso dell'anima e non si manifesta neppure nel voto.

L'uomo, sicuro dei suoi possessi tende a considerarsi misura di tutte le cose. I ricchi coltivano la loro ricchezza, ponendo nella terra il perenne sogno di un'esistenza migliore e ignorando la miseria che sta ai suoi confini e la destinazione finale del vivere terreno.

Si registra, insomma, un'incapacità a provocare un risveglio collettivo, che, si badi bene, difficilmente può arrivare da coloro che la sorte ha collocato alla guida di ricchezze e al potere, sotto qualsiasi veste esercitabile.

Viene applicata nel concreto la formula che Enea Silvio Piccolomini, futuro papa Pio II, attribuì al pontefice, cioè

che i pontefici romani **<<sono i padroni degli uomini e di tutto ciò che appartiene all'uomo.>>**.

Oggi, al termine pontefice va sostituito il nome di chi è investito di potere politico o economico. È un dato di fatto che, al di là di ogni intervento interpretativo a sostegno di una liberta più presunta che incarnata, emerge dall'osservazione quotidiana della vita dei singoli e delle famiglie.

L'occupazione dei vari gangli del potere è fine a se stessa. La stessa *onorabilità* attribuita ai detentori del potere, a qualunque livello, dipende dal grado occupato nella gerarchia burocratica e istituzionale.

Questo si registra anche nei funzionari di rango inferiore, in simbiosi automatica con l'istituzione stessa e con una determinata *superiorità,* per così dire, incorporata e manifestata davanti a qualsiasi utente, collocato obiettivamente in stato di inferiorità.

Colui che si reca presso un ufficio è carente di qualcosa (documento o informazione che sia), nella speranza di ottenere quanto richiede. Di fronte a questa situazione, il comportamento dell'addetto al servizio può essere anche di arroganza, oltre che di inefficienza.

Spesso, peraltro, a nulla vale qualsiasi lagnanza presso il dirigente o il capoufficio, in quanto è facile che scatti una sorta di autodifesa dell'immagine pubblica, primo aspetto da salvaguardare.

Affinché tutto funzioni nell'interesse del cittadino, è, infatti, opportuno esporre le lagnanze ad un dirigente al di sopra delle parti, il quale deve trascendere dal considerare prioritaria l'immagine dell'ufficio e la familiarità col dipendente acquisita negli anni.

C'è da sottolineare, invece, che, se l'ammonizione del dirigente è puntuale ed opportuna nei confronti dell'addetto al servizio, ne deriva un più elevato grado di *onorabilità* a vantaggio dell'amministrazione e del dirigente.

Questa conclusione può apparire paradossale, nel momento in cui un funzionario dichiara l'inefficienza o incompetenza, anche occasionale, del dipendente. Può anche essere davvero paradossale, ma lo è esclusivamente per chi esercita un ruolo, convinto che, sia pure a tratti, può esercitarlo con violenza, vieppiu' quando si trova a servire (e sottolineo: servire) un utente che sorvola sui suoi diritti e che si trova in evidente difficoltà a chiedere la necessaria informazione.

A questo punto, torna opportuno sottolineare che la rivoluzione non può legittimare il protrarsi di condizioni opprimenti a carico sempre di coloro che non sanno e/o non possono attivare alcuna arma di difesa, ancorché più o meno istituzionalizzata, ma, nel concreto, resa inoperante.

Questo fenomeno si verifica in quanto anche le leggi consentono, spesso, di scivolare verso cunicoli interpretativi che soltanto un esperto *giocatore del diritto* riesce ad attraversare. Inoltre, esso è agevolato, se così posso esprimermi, da una certa *ambivalenza,* che emerge nello svolgersi della storia umana e che evito, comunque, di caricare con un deleterio spirito settario.

Voglio dire, schematizzando, senza inserirmi in dettagli, che, sulla terra, vivono uomini che possiamo considerare cristiani autentici, cioè credibili nel loro esercizio esistenziale della fede. La loro meta è, nonostante difetti ed errori, è il **regno dei cieli** ed in vista di questo operano, progettano e costruiscono. La loro azione deriva da questo convincimento interiore, che non dipende dalla preoccupazione di un giudizio umano.

Il *laico* Seneca riporta un pensiero di Atenodoro che può propriamente descrivere tale condotta cristiana:

<<Vivi con gli uomini, come se Dio ti vedesse. Parla con Dio, come se gli uomini ti udissero.>>.

Se si è convinti che Dio vede tutto e giudica, coerenza impone ed esige che il rispetto sostanziale degli altri sia costante e, per quanto nelle possibilità del singolo, sempre riconoscibile nelle attività sociali e pubbliche in genere.

Per semplificare e rendere più chiaro il ragionamento, si vede un'altra parte di uomini che vive dirigendo lo sguardo verso un **regno eterno di perdizione** e che, tuttavia, si trova accanto ai credenti, durante il pellegrinaggio terreno. Questa parte di uomini, in linea generale, trova appropriato gestire affari ed esistenza secondo le leggi del nemico del regno di Dio. Leggi che, tuttavia, sono sempre dietro l'angolo anche della vita del credente, la cui anima, come quella di ogni creatura, è naturalmente ferita dall'egoismo e dalla tentazione di potenza, se non di prepotenza, a danno dei propri simili. Egoismo e prepotenza che si alimentano vicendevolmente mediante lo scambio del dio-Mammona.

Ovviamente, è un errore di valutazione ritenere e convincersi che il regno storicamente rappresentato dal diavolo, Mammona per eccellenza, avrà il suo dominio in modo imperituro. Non è neppure corretto trovare nella temporalità di tale dominio una ragione per recepire lo stato di cose caratterizzato dall'oppressione e dalle ingiustizie, più o meno occulte, più o meno urlate, più o meno offuscate.

La stessa frase evangelica, altre volte citata (**I poveri li avete sempre tra voi**) acquista la sua pienezza nel senso che va riferita ad ogni genere di povertà che affligge parte dell'umanità, senza soffermarsi su distinzioni di classe, e che insegna a praticare l'amore verso gli altri.

Sotto questa ottica, non sarà mai abbastanza per il cristiano attivarsi per ridurre ed eliminare l'oppressione di uomini, variamente sofferenti.

Egli agirà in questa direzione, illuminato dalla luce interiore che lo guida. Ed è, chiaramente, una direzione autenticamente rivoluzionaria, perché è originata dalla verità interiore che esclude, almeno come impegno, ogni altro legame con interessi personali e che viene alimentata da un impegno costante di rinnovamento.

Questa forza interiore si riverberera', quasi automaticamente, nelle istituzioni temporali in cui il credente è chiamato ad operare.

Molte istituzioni, invero, denotano bene come sono occupate da persone che, pur professandosi cristiane, operano in maniera incoerente rispetto alla fede.

Non si può neppure misconoscere la presenza di uomini che, pur svincolati più o meno dichiaratamente da ogni professione di fede, pensano e operano applicando criteri di scelte di vita di natura essenzialmente cristiana.

 Il già citato autore romano Seneca ne è un significativo esempio, tanto che da molti è stato qualificato una persona **naturalmente cristiana.**

Tale riferimento induce ad un pensiero chiaro sia per credenti sia per non credenti, ed è il seguente:

la carenza o l'inadeguatezza di valori nutriti dentro l'anima mina, sul nascere, la stessa idea di **rivoluzione.**

Se latita la coerenza interiore tra convincimento ed azione, ogni scelta politica nasce offuscata dall'ipocrisia, sempre capace di occultare il profondo egoismo.

Ipocrisia che, purtroppo, gli adulti trasmettono frequentemente alle giovani generazioni, anche attraverso manifestazioni ed di notevole impatto emozionale.

Ma la realtà non cambia. È destinata a replicare le ingiustizie in modo capillarmente scandaloso.

Al riguardo, si programmano periodicamente anche grandi eventi su diversi problemi di impatto planetario, ma essi non tendono a mutare la realtà, bensì a manovrare una gigantesca mole di danaro ad esclusivo beneficio di una ridottissima platea umana.

Per giunta, tutto ciò avviene attraverso inganni, facendo balenare tra i giovani una vita in libertà, che, invero, non sarà realizzata e non è neppure realizzabile, perche sarà circoscritta e funzionale al sistema in vita da difendere, migliorare e da perfezionare a vantaggio di pochi.

Come si può comprendere, detenere il potere da parte di persone prive di rinnovamento interiore significa opporsi alla concezione del progresso sia in senso *economicistico* sia in senso *politicistico*.

Nella prima visione, infatti, l'evolversi della storia avviene sostanzialmente attraverso mutazioni di tipo economico, come in un meccanismo dove la presenza dell'uomo appare soltanto come elemento di un ingranaggio, privo di anima, in grado di creare e di sviluppare profitto a vantaggi esclusivi.

La stessa occupazione di potere si oppone anche alla prospettiva *politicistica,* che considera la conquista del medesimo potere, ancorché formalmente legittimato e partecipativo, come atto centrale del mutamento, quando, invece, è, sostanzialmente, un cambiamento di facciata.

Insomma, cambiano i suonatori, ma la musica rimane la stessa di prima con qualche variazione di nota.

Ciò riporta il ragionamento alla prospettiva di maturazione individuale, che va avviata prima di ogni impegno pubblico.

La stessa Rivoluzione francese movimentò, se così si può dire, la società alimentando speranze, come avviene sempre ad ogni cambio di amministratori.

In realtà, tuttavia, l'insegnamento continuava ad essere privilegio di pochi, anche se il monopolio accordato alla Chiesa risultava abolito, nonostante la diffusione della cultura fosse stata agevolata proprio per l'impegno della chiesa.

L'abolizione del monopolio era, in pratica, un intervento dettato da sentimenti anticlericali che, in realtà, non producevano l'ampliamento della formazione culturale tra i ceti meno abbienti.

Praticamente, la cultura rimase ristretta ad ambiti privilegiati, nonostante Condorcet proclamasse che il nuovo ordinamento dell'istruzione avrebbe reso **reale l'uguaglianza politica riconosciuta dalla legge. Ma** questo obiettivo tardò ad essere attuato tra il popolo.

Non si può dimenticare il periodo del **Terrore** che insanguino' la Francia con migliaia di condanne a morte per cittadini appena sospettati di essere contro la Rivoluzione. Robespierre, a capo del Comitato di salute pubblica, utilizzò il Terrore per eliminare gli oppositori. In campo economico fu attuato il blocco dei salari. In campo politico furono sospeso i diritti civili, motivando ogni decisione con l'emergenza per una Rivoluzione che rischiava di perire sul nascere.

Comunque, è significativo ricordare come le rivoluzioni che sorgono su interessi particolari si palesano insufficienti a garantire elementari diritti civili. Al riguardo, è opportuno rammentare la sorte toccata ad una donna che, nel 1791, scrisse la <<Dichiarazione dei diritti della donna>>, dove, fra l'altro, all'articolo 1, si leggeva:<<La donna nasce libera e resta uguale all'uomo nei diritti>>. Principi assolutamente congeniali allo spirito rivoluzionario. Così, almeno, credeva quella donna, che si chiamava **Olympe de Gouges** e che, nell'autunno del 1793, fu condannata a morte.

La legge del 25 ottobre 1795 aveva riorganizzato l'istruzione pubblica, integrando tutte le scuole allora operanti. Ma l'opposizione a tale decreto riuscì a far abrogare sia l'obbligo scolastico sia la gratuità, demandando alle famiglie l'obbligo di retribuire l'insegnante.

Insomma, si verificò tutto il contrario dei precedenti propositi **rivoluzionari,** di modo che l'aristocrazia, dotata di risorse, continuava ad essere in grado di assicurare l'istruzione ai propri discendenti.

Per i notabili, lo stato era un'istituzione cui riservare sommo rispetto, perché, in fondo, tutto questo garantiva il costante godimento dei loro privilegi.

Qualcuno, come Babeuf, aveva anche abbozzato l'idea di una comunanza di beni e di lavori, capace di concretizzare una qualche felicità generale attraverso l'abolizione della proprietà privata e la nazionalizzazione dei mezzi produttivi. Semi, come si può notare, incuneatisi anche in pensatori successivi, che, tuttavia, non sono riusciti a produrre reali esiti di benessere per tutti o, quanto meno, per un numero sempre più crescente di individui. Ma, anche in questo caso, il potere dominante intervenne e, nel 1797, il Babeuf fu giustiziato.

Le osservazioni suesposte richiamano vieppiu' alla mente l'ostacolo interiore che impedisce la reale attuazione di programmi sociali a beneficio comune e che, si è più volte detto, è, in una parola, l'egoismo.

Essendo l'egoismo una nota sempre pronta ad emergere dal cuore umano, ai nostri giorni, nessuno, o quasi, osa temere un contagio rivoluzionario.

Neppure le classi che, in teoria, avrebbero urgenza di reagire riescono ad unire gli sforzi mirati a riformare strutture sociali, economiche e politiche contrastanti con i bisogni basilari dell'uomo.

D'altro canto, il torpore intellettuale e culturale, fomentato da certe programmazioni televisive, contribuisce a diffondere una incartapecorita assuefazione a pensieri e comportamenti omogenei e funzionali al conformismo di un falso anticonformismo, che contagia, in misura prevalente, le giovani generazioni.

Al riguardo, sintomo evidente di tale intorpidimento mentale è l'utilizzo di voci onomatopeiche utilizzate nelle comunicazioni tra ragazzi, evitando ogni forma di dialogo appropriata.

Un tempo, alle voci onomatopeiche si ricorreva per riportare i versi degli animali.

Diciamolo tutta: non si può fare rivoluzione, soprattutto in senso interiore, senza dialogare in modo logico.

Di fronte a questa realtà, l'espansione di valide idee di rinnovamento nel corpo sociale, oggi, è difficilmente immaginabile.

I discorsi, se così si possono definire, non sono, perciò, tali da provocare la preoccupazioni delle caste dirigenti in campo sia politico sia economico. Essi rientrano e, anzi, sono istituzionalmente inquadrati in una sorta di *laissez-faire,* erroneamente presentato come libertà graziosamente concessa ai sudditi da parte di coloro che detengono i vari ambiti del potere pubblico. Ovviamente, non si arriva ad una *scristianizzazione* manifesta, come avvenne con la Rivoluzione francese dopo il 1790. Ma la carenza di un senso critico favorisce anche questo fenomeno, arrivando a diffondere anche odio verso ogni cerimonia di tipo religioso.

Il sentimento antireligioso in genere cresce e dilaga via via nella società, persino assumendo contorni di rispetto per la libertà religiosa. Si sostiene, al riguardo, che, per salvaguardare ogni espressione di tipo religioso e, segnatamente, di contenuto cristiano, è opportuno e giusto circoscrivere ogni atto di culto che rechi scandalo ai non credenti o a chi pratica riti differenti.

Per contro, anche la Rivoluzione ha creato i suoi riti e organizzato processioni civili, che il popolo seguiva con larga partecipazione e con maggiore o minore convincimento interiore. Manifestazioni che, peraltro, si ripetono anche ai nostri giorni.

Lentamente, ma inesorabilmente, l'evolversi della storia registra l'avvento del mondo mercantile con peso sempre più marcato, dando origine ad una società separata tra due classi: una trova la sua ragion d'essere e la sua sussistenza esclusivamente nei proventi di un lavoro oppressivo; l'altra continua a prosperare con i proventi dei suoi capitali e delle rendite censuari. Tra le due classi, non esiste alcun rapporto al di fuori di precari accordi di lavoro, ormai praticamente considerato parte del mercato.

Chiaramente, anche da questi cenni si deduce che il procedimento capitalistico di peso negativo è ormai avviato. Esso è via via, se è possibile, sempre più negativo nel momento in cui, a partire dalle idee, fonda la sua ragion d'essere al di fuori di ogni pur tenue riferimento alla coscienza cristianamente formata e al di là di ogni richiamo agli ambiziosi enunciati di precorse e precelebrate rivoluzioni.

Nel rapporto in ambito capitalistico si integra un uomo che è parte della merce prodotta da collocare in vendita.

Come scrive Jacques Maritain in **UMANESIMO INTEGRALE**,

<<Lo spirito obiettivo del capitalismo è spirito d'esaltazione delle potenze attive e inventive, del dinamismo dell'uomo e delle iniziative dell'individuo, ma è spirito di odio della povertà e di disprezzo del povero.

Il povero esiste solo come strumento di una produzione che consegna, non come persona.

Il ricco, d'altronde, esiste solo come consumatore...

La tragedia di un tale mondo è che, per mantenere e sviluppare il mostro di un'economia usuraia, si

dovrà necessariamente fare di tutti gli uomini dei consumatori.>>.

La sintesi plasticamente esposta da Maritain è, in larga parte, idonea a rappresentare la situazione di una visione prima qualificata come *economicistica,* che non è in grado, per intrinseca tendenza, di privilegiare valori prioritari per rispondere a esigenze materiali e, men che mai, spirituali o, se si preferisce, immateriali.

La stessa presenza di disoccupati, quindi persone impossibilitate a consumare i prodotti, è l'evidente scandalo rappresentato da un'economia capitalistica fondata sull'indiscriminato profitto.

Riportando il discorso più a monte, rileviamo una causa precisa della diffusione di un'economia siffatta. Risaliamo, in sostanza, al dualismo, sempre più marcato dopo il Medioevo, cresciuto tra una visione di tipo cristiano e una concezione nettamente antropocentrica, che orientava e orienta ogni operazione collocando l'uomo a *misura di tutte le cose,* con netto sganciamento da ogni riferimento al divino quando si tratta di assumere decisioni nel regno terreno, decisioni che, in parole povere, afferiscono, direttamente o indirettamente, al danaro e al profitto.

Se si vuole essere del tutto realisti, è opportuno osservare che il processo storico, sia pure con tutti gli accomodamenti e gli aggiustamenti, continua ancora oggi ad esistere mantenendo in vita le due classi sociali in perenne contrasto di interessi.

Questo fenomeno evidenzia conclusivamente un'esigenza ineludibile, se si mira ad una società giusta, con appropriati elementi costitutivi ancorati al soddisfacimento dei bisogni dell'uomo in ambito sia materiale sia spirituale o, se si preferisce, immateriale, in conformità alla sovrastante etica: ripetendo l'insegnamento di Charles Pèguy, ricordiamo che la rivoluzione sociale sarà morale o non sussistera'.

Dopo di essa o a causa di essa, si verificheranno, di certo, dei mutamenti. Ma opereranno sempre in modo restrittivo o limitativo, se non, addirittura, contrario rispetto agli obiettivi sempre proclamati a giustificazione della rivoluzione medesima.

Se non c'è il primordiale impegno morale, gli interventi si dimostreranno meri alibi per sostenere cambiamenti formali tradotti anche in ordinamenti giuridici. In questo contesto, persino la limitazione delle libertà troverà spazio per giustificare azioni liberticide come precauzione di fronte a eventuali movimenti **controrivoluzionari.**

Non è fuori luogo, qui, ricordare una tentazione che può assalire anche il credente: precisamente, la tentazione di abbandonare una società che non riconosce il valore delle virtù cristiane e che, spesso, pur di alimentare l'odio verso un Dio paradossalmente da essa ignorato, decide di attuare comportamenti dichiaratamente irreligiosi.

Se si eccettuano coloro che scelgono il deserto reale per praticare la propria fede, il cristiano, generalmente parlando, cresce e opera a contatto con propri simili.

Nel contempo, il campo profano non mira, nel suo istinto primordiale, alla santità cui il credente è chiamato, anche se isolarsi dalla *profanità* è occasione per aprire l'anima e la mente a Dio, dato che il regno del diavolo sarà sempre deficitario e fuorviante rispetto alla scelta cristiana.

Qui, conviene ricordare che, per Marx, praticamente, l'uomo è un elemento, per così dire, passivo nella comunità, in quanto assorbe e assimila quanto le varie sovrastrutture ivi presenti gli impongono in modo quasi automatico. Se l'uomo agisce in questo contesto, lo fa solo in direzione di una evoluzione prefissata e realizzantesi attraverso lotte tra classi, fino a giungere al dominio di una classe specifica. Obiettivo che, come ci insegna la realtà a noi contemporanea, non è stato centrato neppure in quel mondo che doveva rappresentare il paradigma vivente della vittoria e del governo del proletariato.

Marx ha elaborato i suoi programmi su dei sogni, ignorando che il processo storico è un crocevia, dove si innestano le esigenze di libertà dell'individuo e una colluvie di causalità sfuggenti alla natura dell'uomo, protagonista e, allo stesso tempo, succube di un *quid* che, periodicamente, gli sfugge di mano, anche quando tenta di fornire convincenti valutazioni sullo stesso processo storico.

Marx, in sostanza, ha ignorato o ha voluto ignorare che l'uomo non può incidere sul mondo senza ispirarsi ad un'intima coscienza che, unitamente all'aspetto puramente *cosale del divenire,* coniuga gli eventi e le scelte sotto la guida di interessi superiori ai fattori puramente strumentali dell'economia e del profitto.

In questa visione, va riconsiderato e giudicato il progresso storico, che avviene al di là di ogni giudizio dato dagli studiosi.

Qui, è più che mai opportuno ricordare quel che ammonisce lo storico Jacob Burckhardt riguardo ai colleghi esperti di vita medioevale, quando ricostruiscono eventi del passato:

<<La nostra vita è un mestiere.

Quella di allora era un'esistenza.>>

Questo per sottolineare che gli accadimenti storici, spesso, sono considerati sotto la prospettiva individuale dello studioso, che, prima di assumere i fatti nella loro *cosalita'* dell'epoca di svolgimento, si preoccupano di contestualizzare gli stessi fatti nella personale visione, per così dire, filosofica del creato.

Ovviamente, ai nostri giorni, va escluso ogni prevalenza di ordine religioso o confessionale utilizzabile per costruire il regno profano. Ma, in pari tempo e in pari grado, al credente che opera nel mondo, va riconosciuta quella libertà di cui lo ha dotato il Creatore e che si impegna - perché, sostanzialmente, di questo si tratta- a valorizzare nelle istituzioni terrene e nelle comunità laiche di appartenenza, realizzando quel sommo principio indicato dal *laico* Seneca:

<<Vivi con gli uomini, come se Dio ti vedesse.

Parla con Dio, come se gli uomini ti udissero.>>

È un sommo richiamo all'esistenza da condurre sotto l'egida di una coscienza retta, pura, immune da interessi egoistici e dettata da un profondo interiore spirito di rispetto e di solidarietà. Significa agire bene indipendentemente da chi osserva il nostro personale operare nel quotidiano e nella storia sia come condotta privata sia come profilo comunitario.

La città temporale è composta da una platea di individui provenienti da esperienze differenti, che si portano dentro idee e convincimenti spesso contrastanti con gli obiettivi consoni agli interessi sociali. Ma anche il soddisfacimento di questi interessi non deve, in alcun modo, prevalere, in qualche modo comprimendola. In parole povere, gli interessi addotti da una determinata classe non devono reprimere la libertà individuale, che è terreno dove si sviluppa la coscienza.

È, d'altro canto, evidente che la politica, nel suo insieme, non può prefiggersi come obiettivo la santificazione degli individui in essa, per così dire, assemblati, ma deve creare condizioni perché, a livello personale, il cittadino cresca nel modo a lui congeniale anche in vista del raggiungimento del regno di Dio.

Le stesse comunità ecclesiali indicano obiettivi e forniscono strumenti per la santificazione. Ma la stessa santificazione avviene per tappe differenti e particolari a seconda delle capacità di ciascun credente, perché, come scrive l'apostolo Paolo, in Galati 6:4,

<<Ciascuno esamini il suo operato e solo allora troverà motivo di vanto in se stesso e non in riferimento all'altro.>>.

Questo significa che ogni individuo segue un ritmo di progresso interiore che gli è proprio e che lo contraddistingue rispetto agli altri. Ma, allo stesso tempo, è richiesta, a priori, una disposizione d'animo che lo liberi dall'ipocrisia e dagli scopi tendenti a corrompere il rapporto tra gli uomini anche all'interno di una determinata comunità aggregata da interessi di varia natura.

Certamente, qui, non si vuole prospettare quell'isola chiamata <<Utopia>> e descritta, nel Cinquecento, da Francesco Sansovino, il quale, nell'opera **DEL GOVERNO DI**

DIVERSI REGNI (1578), presenta gli adoratori dell'unico Dio

<<convertiti subito tutti alla fede cristiana, come al necessario complemento della loro posizione>>.

L'uomo contemporaneo, forte di esperienze culturali differenti e variegate, continua ad entrare in contatto con idealità di ogni genere. La lacuna, al contrario, consiste nel fatto che tali esperienze non vengono vagliate, recepite o, eventualmente, respinte con senso critico e contro ogni possibile adeguamento al conformismo generalizzato, che, talora, confluisce supinamente, come già detto, anche nel *conformismo dell'anticonformismo.*

Questo increscioso adeguamento è piuttosto generalizzato, specialmente nei giovani, ai quali è stato insegnato anche a mentire pur di raggiungere gli obiettivi prefissati, che, in buona sostanza, sono quelli inquadrati nell'alveo di interessi personali.

A ben vedere, il fenomeno deriva, in grande misura, da un certo complesso di inferiorità che spinge l'individuo a utilizzare ogni strumento, teorico o pratico, comunque immediatamente efficace, che lo renda omogeneo ad un determinato gruppo. Questo si verifica sia a livello scolastico, sia nei rapporti di gioco, sia nelle comunità, sia nei partiti, sia negli uffici, sia nelle istituzioni. A monte, cioè nell'intimo dell'individuo, se ne rinviene la ragione. È quel che si definisce **complesso di inferiorità,** che spinge la persona a cercare soluzione fuori da sé con protezioni presso il potente di turno.

Ma fuori da sé, spesso, trova persone che si avvalgono della situazione per trarne un possibile vantaggio, comunque inteso.

L'ambiente politico e amministrativo, in genere, è affetto da questo malanno, bel alimentato dall'ipocrisia, che induce a esporre opinioni in cui *non* crediamo e a *non* esprimere idee in cui crediamo, comprimendo, in tal modo, la profonda libertà e adottando una sorta di *diplomazia,* a breve o lungo termine capace solo di provocare danni nei rapporti sociali e nelle amministrazioni pubbliche.

Si ritiene erroneamente che questa deleteria *diplomazia* sostenga una certa pace sociale, quando, in realtà, continua a moltiplicare vantaggi a chi già, per qualsiasi causa, ne gode anche in abbondanza.

Va detto, invero, che il sentimento di inferiorità, presente nell'uomo saggio, è un autoriconoscimento umile dell'essere in quanto creatura limitata e fallace, che deve indurre a riflettere e a impegnare nel sociale le doti possedute.

La crescita spirituale è atto conseguente della presa d'atto di quel che siamo in vista di quel che aspiriamo a divenire, in coerenza con le nostre convinzioni non condizionate.

La persona è parte della comunità, elemento di una *porzione* della società, nel senso che deve essere partecipe senza andare a comprimere le profonde esigenze dello spirito. In sostanza, il nucleo fondante della persona non risiede, di per sè, nella partecipazione alla vita comunitaria. Esso sovrasta l'aspetto temporale, in cui, tuttavia, il singolo esercita la sua attività come semplice membro nella responsabilità che gli compete in ordine agli orientamenti impressi nell'intimo dei suoi convincimenti.

La vita sulla terra, anche con le connessioni politiche, occupa un tempo ristretto nella prospettiva dell'eternità.

Ciò che rende carente la vita dell'uomo è il trascurare l'aggancio ad un'esistenza che trascende il pellegrinaggio. È, in parole povere, la chiusura dinanzi ad una visione completa del vivere e del morire.

La politica e, in genere, l'attività dell'uomo è, spesso, sostanzialmente, ancorata ad una visione machiavellica, che colloca in primo piano l'utile da conseguire a sostegno del potere.

L'assolutismo nei regimi di governo, esercitato anche come emanazione diretta o indiretta di qualsiasi confessione religiosa, è praticato in misura più elevata di quel che si crede. Esso induce a utilizzare mezzi umani, strumenti giuridici e organi amministrativi per salvaguardare anche un'unità statale più apparente che concretamente risolvibile in termini di aiuto alle popolazioni.

L'unità si risolve generalmente nel sostegno al regime economico più favorevole, che si basa sulla garanzia, anche giuridica, da offrire alla sussistenza delle banche e dei servizi finanziari.

Si è mai pensato come mai la legge, emanata dai politici, ha occhi di riguardo nei confronti di un colpevole di omicidio, mentre fa pagare fino all'ultimo centesimo colui che non dispone di danaro ?

Facciamo attenzione, poi, agli interessi che una qualsiasi società finanziaria esige dal debitore, anche quando il costo del danaro è ai minimi. È chiaramente il dominio pecuniario che viene esercitato per recare angherie a chi non dispone di risorse adeguate per condurre un'esistenza quieta.

Invero, una qualsivoglia armonia sociale è conseguibile con una sorta di pedagogia, a partire da coloro che mirano al governo di uno stato, in vista del bene da procurare ai cittadini, avendo bene in mente che per una sana politica una sola morale è la vera morale, anche quando si dia corso ad una tolleranza civile di fronte a differenti esigenze.

Sviluppando questo argomento, sorge il problema della proprietà dei beni terreni, partendo dalla concezione biblica che la terra e le *cose* in essa contenute sono state create e affidate a beneficio degli uomini.

Il senso della miseria della condizione umana non è, certo, quello descritto nell'omonimo libro di Lotario di Segni, futuro papa Innocenzo III (1198-1216), con i termini seguenti:

<<L'uomo è fatto di polvere, fango, cenere e di seme ripugnante e nel fango del peccato.

Nasce per la paura, per il dolore e, quel che è peggio, per la morte.>>.

È una descrizione desolante, che, oggi, pur nella cruda realtà, non viene neppure presa in considerazione, se non per ricavarne pensieri in direzione opposta, verso la ricerca di ciò che di benefico e di felice la vita può offrire, nel quotidiano trascorrere dei giorni.

Resta, peraltro, da considerare quali sono o siano gli efficaci strumenti che danno felicità, ammesso che sul concetto di felicità si dia una definizione univoca.

Va considerato che la riflessione risente dei sentimenti generali evidenziabili nel Medioevo, caratterizzato da una società, per così dire, improntata ad una visione *soteriologica o escatologica*, cioè tesa all'attenzione verso gli ultimi avvenimenti sulla terra, verso la fine del mondo, senza alcun rimedio, verso la salvezza da condizioni terrene doloranti. Quindi, le anime dovevano avere un solo sguardo verso l'eternità. Di conseguenza, il sentimento comune privilegiava un certo disprezzo del mondo e delle cose, a cominciare dal possesso delle ricchezze. In questa biblica **valle di lacrime,** la felicità e una pur peregrina gioia erano escluse quasi per istinto naturale. Il rischio era la perenne condizione dell'uomo medioevale fin dalla nascita. Le malattie, le epidemie, gli alloggi e i vitti precari, le carestie facevano parte, per così dire, del paesaggio in cui gli uomini vivevano.

Ovviamente, anche allora, la **qualità di vita** del povero e quella del ricco si differenziavano: caratteristica, questa, che la storia umana registra nel corso dei secoli, procrastinandosi anche ai giorni nostri, pur con gli ovvii adeguamenti.

Cavalleria, clero e contadini conducevano la loro vita secondo condizioni differenti. Solo davanti alla morte, le classi sociali riacquistavano la naturale uguaglianza, anche se i trattamenti *funebri* mostravano le distinzioni classiste delle persone.

Per esempio, una sostanziosa donazione assicurava una commemorazione che durava nel tempo producendo -si riteneva- refrigerio all'anima nell'esistenza ultraterrena.

La storia riporta esempi di personaggi che hanno collocato se stessi al di sopra degli uomini sottoposti, alimentando il culto della personalità in maniera costrittiva.

Per esempio, in **Scritti e discorsi** di Mussolini (1926), leggiamo:

<<Siamo in uno stato che controlla tutte le forze che agiscono in seno alla nazione.

Controlliamo le forze politiche, controlliamo le forze morali, controlliamo le forze economiche

Siamo, dunque, in pieno stato corporativo fascista...

Tutto nello Stato, niente contro lo Stato, nulla al di fuori dello Stato.>>.

In questa visione non trova il minimo spazio la persona, con le sue doti da valorizzare in profonda libertà. Al posto dell'uomo c'è lo Stato, un ente, per così dire, divinizzato, pressoché impalpabile e irraggiungibile, al quale niente e nessuno deve opporsi. Tuttavia, oggi come allora, questa costruzione, in qualche modo ideale, di amministrazione pubblica, sottintendeva e sottintende sempre un margine di equivoco che si può esprimere nei seguenti termini:

.chi edifica lo Stato e le sue istituzioni e chi le gestisce è, in realtà, un individuo concreto che finisce per nascondersi dietro quella entità, come lo Stato appunto, per meglio giungere a traguardi di interesse particolare, ben visibili.

Le strutture per gestire il potere rispondono all'ottica di chi le ha imposte e le impone, anche mediante leggi e decreti, che ogni cittadino è obbligato ad osservare.

È del tutto chiaro che è carente, oggi, a livello individuale e a livello sociale, una visione, come detto prima, *escatologica,* nel senso che l'uomo giudica e pensa entro i confini del *qui ed ora,* senza andare oltre. La prospettiva *escatologica, al contrario,* induce a osservare e scegliere al di là e al di fuori di pregiudizi e di interessi fuorvianti, essenzialmente traguardati, questi, entro il morire individuale, ad opere destinate a scomparire dalla memoria nel momento in cui viene a mancare il protagonista delle stesse opere.

Così, nella maggior parte dei casi, la storia diventa narrazione che include un elenco di nomi di persone impostesi nella cronaca per circostanze svariate, senza aver recato benefici alle masse popolari, nonostante i proclami rivoluzionari utili soltanto per creare culti di personalità e per fomentare ammirazione per puro interesse e/o per paura (Lettera di Giuda 16). In questa cornice, si alimenta un certo *spirito di corpo,* che è deleterio per i rapporti interpersonali, sociali e politici. I componenti del *corpo* (clan, partito, movimento, comunità ecc.) sono, pressoché naturalmente, indotti a pensare e a giudicare con il paraocchi, senza aprire criticamente lo sguardo verso gli altri, evitando di entrare nel campo altrui (idee, proposte, giudizi ecc.) persino come esploratori, contrariamente al consiglio dato da Tommaso d'Aquino agli studenti:

ascoltare ciò che viene detto, indipendentemente da chi lo dice.

In realtà, all'origine dello *spirito di corpo,* c'è la *libido dominandi,* materializzantesi con l'*occupazione* fisica del potere, ormai ridotto a idolo irrinunciabile, davanti al quale ogni cittadino deve mostrare ossequio.

La *rivoluzione* fin qui esposta nasce da una convinta adesione e da un deliberato consenso ad un mutamento, che, prima, è del tutto interiore, e che, poi, a sua volta, quasi automaticamente, si riflette sulla società.

Senza questa caratteristica, ogni *rivoluzione* sarà una mera maschera idonea a nascondere un dominio fine a se stesso che alimenta l'egoismo naturale dell'uomo. Ogni cambiamento sarà di pura facciata, capace di auto-alimentarsi e di auto-referenziarsi, ovviamente adeguando l'apparato giuridico e burocratico all'evoluzione dei tempi e agli *umori* della gente.

Conclusivamente, occorre rilevare l'esigenza incontrovertibile di procedere ad un rinnovamento politico, di cui ciclicamente si parla, partendo dal mutamento interiore, l'unico che, oggi, va considerato autenticamente *rivoluzionario* nel momento in cui, prima di tutto, il governante si astiene dal privilegiare interessi di casta, al di là di ogni discorso mirato a catturare il consenso dei cittadini e, parimenti, destinato a restare lettera morta.

Il rappresentante eletto deve avere un rapporto costante con l'elettore, valorizzando le esigenze reali di questi e ponendosi in assoluta autonomia rispetto ai potentati di varia denominazione.

È evidente che, se non si verifica una posizione rinnovata dentro l'anima dell'eletto, nessun cambiamento di strutture e nessuna disposizione giuridica saranno in grado di maturare e di produrre il benessere non solo sotto il profilo sociale ed economico ma anche in ambito culturale e spirituale.

Va, comunque, rilevato che tale benessere non è mai disgiunto dal possesso di beni che assicurino la liberazione dal bisogno. Ciò presuppone che, nella società, la suddivisione del reddito avvenga in misura tanto *equa* (ciò che rappresenta il punto ideale, forse mai raggiungibile a causa del naturale egoismo) quanto, per così dire, *graduata* sulla base dei bisogni fondamentali del vivere.

Tra questi bisogni vanno validamente considerati e soddisfatti sia quelli inerenti il *vivere (primum vivere)* sia quelli ineludibili del *philosophari (deinde philosophari).* Inoltre, il diritto di accedere all'istruzione deve essere concreto e omogeneo: concreto, nel senso che ogni individuo possa usufruirne al di là del censo familiare; omogeneo, nel senso che tutte le istituzioni offrano una formazione di base coerente con il ritmo di apprendimento degli alunni. L'istruzione deve garantire l'apprendimento e non semplicemente un titolo di studio, che, spesso, si rivela sostanzialmente un mero attestato di frequenza cui non corrisponde un adeguato livello di preparazione ancorché precedentemente programmata in dettaglio. Anche la scuola, in generale, spesso, finisce per conformarsi ad una società sempre più funzionale alla trasmissione di sistemi di potere o, se si preferisce, di governi, che, sia pure con i formali ricorsi alle elezioni, si autoalimentano e si propagano nel tempo senza produrre i mutamenti, auspicabili soprattutto per i giovani. Insomma, oggi, la scuola, generalmente parlando, non offre gli strumenti idonei per aprire i giovani al senso critico, sola dote, invero, capace di erigere efficaci muri contro la pseudo-cultura imperante. I giovani assimilano i modi di pensare e di comportarsi, di giudicare e, persino, di parlare che la società, nel suo insieme, offre alla loro distratta osservazione. Una comunità di tal genere si presenta persino adombrata di tratti, che, diciamo pure, sembrano contestare e contrastare l'esistente. Ma, quanto a proporre e produrre mutamenti, la strada si presenta assai lunga e, direi, non percorribile. La contestazione si limita a qualche aspetto che è corretto definire *generazionale,* nel senso di un naturale contrasto tra genitori e figli. Tuttavia, non si va oltre. In effetti, si occluisce una riflessione che prelude a instaurare quella comunità di giustizia e di pace, dove gli individui godono del rispetto loro dovuto in quanto creature di una stessa provenienza.

36-ETEROFOBIA E LIBERTÀ

Un ultimo, ma non meno importante, rilievo va dato alla *pansessualizzazione* generalizzata che l'uomo di oggi respira o, il più delle volte, è costretto a respirare.

Dell'argomento si è trattato anche in altra parte del libro. È, ora, il caso di dare ulteriori spunti di riflessione.

Tutto tende a ruotare attorno all'utilizzo della sfera sessuale in ogni campo, a partire dal linguaggio, dalla comunicazione individuale e dalla programmazione televisiva e cinematografica, nonché dalla presentazione delle notizie.

Non è, comunque, l'aspetto morale o moralistico che va sottolineato al riguardo. Mi preme richiamare l'attenzione sul riflesso che il fenomeno riveste sulla libertà, cioè sulle libere scelte, che ogni individuo è chiamato ad operare.

La spettacolarizzazione del sesso viene presentata e, in sostanza, considerata come un segno di libertà. Al riguardo, va richiamata l'attenzione data con frequenza agli omosessuali nei salotti TV, giustificando il fatto come rispetto delle persone. Nessuno, peraltro, nega che ogni individuo è titolare di diritti fondamentali, indipendentemente dai propri orientamenti sessuali. Ma, allo stesso tempo, non si può misconoscere che, intensificando certe presenze televisive, si incorre nell'eccesso opposto, che consiste nell'alimentare una sorta di *eterofobia* da parte degli omosessuali. Conseguenza che, ognuno s'avvede, va evitata.

Certo, il *pansessualismo* può essere considerato nel quadro anche di un discorso sulla liberazione da divieti, peraltro, di per sé insiti in natura. Ma, in realtà, esso si rivela come supporto a obiettivi politici ed economici tendenti a comprimere, se non, addirittura, a sopprimere, gli spazi di libertà e di autodeterminazione dovuti ad ogni individuo, nel momento in cui deprime o limita o indirizza il senso critico. In effetti, l'utilizzo martellante e inopportuno di riferimenti alla sfera sessuale si presenta validissimo sostegno per instaurare e sostenere regimi contrari alla libertà sostanziale dell'individuo, pur configurandosi, paradossalmente, come fattore di libertà sotto l'aspetto sociale e culturale.

In buona sostanza, così operando, l'attenzione dell'individuo/cittadino viene indirizzata all'omologazione di pensieri e di atteggiamenti che sembrano liberi, ma che, in realtà, fomentano la carenza di senso critico, carenza che, quindi, favorirà agevolmente decisioni politiche contrarie al bene comune, al di fuori di una partecipazione consapevole e deliberata dei cittadini.

Il cittadino sarà, in tal modo, soddisfatto per l'apparente libertà che gli consente di ricorrere a fonti di godimento temporaneo.

Insomma, alimentando, suo malgrado, quello che si può chiamare **sesso nel cervello**, il cittadino non reagisce a nulla e si trova nella condizione di accogliere supinamente quanto il potere in senso ampio gli offre con sapiente e mirata regia.

Questa situazione è generalizzata e diffusa soprattutto tra i ceti meno ricchi, dove, per esempio, l'impegno del leggere, anticamera e ausilio del senso critico, è trascurato per privilegiare trasmissioni TV costruite su argomenti che riguardano il comportamento di questa o quella star (leggi matrimoni, divorzi, figli ecc).

A pensarci bene, tanto per rimanere nel concreto, la società, nel suo complesso, ha imboccato questa deriva attraverso, diciamo così, concessioni che il potere, comunque identificabile, ha concesso e concede per distogliere l'attenzione della massa dai problemi veri e quotidiani delle persone.

Spesso, nel tranello del potere sono caduti e cadono anche individui che, per cultura e capacità critica, avrebbero potuto e potrebbero evitarlo. Tuttavia, non va parimenti dimenticato che individui, prima dimostratisi reattivi e polemici nei confronti dei vari poteri costituiti, sono, a loro volta, diventati fruitori dei vantaggi che lo stesso esercizio del potere consentiva già ad altri.

Sono i controrivoluzionari, o rivoluzionari di ritorno, che, evidentemente, hanno rifiutato quelli che, ai primordi delle loro lotte, erano gli obiettivi sani proposti ad altre persone.

È evidente, a questo punto, che confliggere con una situazione di ingiustizia, avallata da motivazioni fasulle e ipocrite, non è impegno di tali individui, sempre pronti a giocare sull'ingiustizia e a ratificare ogni azione o provvedimento in grado di sostenere e alimentare i propri privilegi.

Tutte le osservazioni fin qui esposte rimandano, in buona sostanza, al di fuori di un contesto prevalentemente religioso, a quanto disse Gesù, da eccellente e insuperabile conoscitore dell'animo umano, nel Vangelo di Matteo, cap. 15:18-19:

<<Quel che esce dalla bocca viene dal cuore...Dal cuore vengono i pensieri malvagi.>>.

Ciò che proviene dal cuore contamina l'uomo. E tutti gli elementi fattuali e culturali che contrastano lo sviluppo della libertà interiore dell'uomo vanno evidenziati e combattuti.

Conclusivamente, si può dire che il concetto di *rivoluzione* via via tratteggiato nasce da una convinta adesione e da un deliberato consenso davanti ad un mutamento, che, prima, è del tutto interiore, e che, poi, a sua volta, quasi automaticamente, si riflette sulla società.

Senza questa caratteristica, ogni *rivoluzione* sarà una mera maschera idonea a nascondere un dominio fine a se stesso che alimenta l'egoismo naturale dell'uomo. Ogni cambiamento sarà di pura facciata, dotato, per giunta, della capacità di auto-alimentarsi e di auto-referenziarsi, ovviamente adeguando l'apparato giuridico e burocratico all'evoluzione dei tempi e agli *umori* della gente.

Indice

35-IL DISSENSO GLOBALIZZATO, OSTACOLO DEL RINNOVAMENTO

36-ETEROFOBIA E LIBERTÀ